Los niños sí vienen con instructivo

Los niños sí vienen con instructivo

ALBERTO ESTRADA

Grijalbo

El papel utilizado para la impresión de este libro ha sido fabricado a partir de madera
procedente de bosques y plantaciones gestionadas con los más altos estándares ambientales,
garantizando una explotación de los recursos sostenible con el medio ambiente y beneficiosa para las personas.

Los niños sí vienen con instructivo

Primera edición: abril, 2024

Penguin Random House Grupo Editorial, S. A. de C. V.
Blvd. Miguel de Cervantes Saavedra núm. 301, 1er piso,
colonia Granada, alcaldía Miguel Hidalgo, C. P. 11520,
Ciudad de México

penguinlibros.com

ISBN: 978-607-384-490-1

Impreso en México – *Printed in Mexico*

Índice

Introducción

El porqué de este libro

Recibir al bebé recién nacido, ese bultito envuelto de apenas tres kilos que respira por sí mismo y abre unos ojitos grises que parecen mirar al infinito, es una experiencia maravillosa, pero puede ser aterradora.

¿Y ahora qué hago?, piensa su mamá y se angustia. Nadie le dijo cómo alimentarlo. "Pégatelo al pecho nada más, y aquí tienes esta lata de leche en polvo", suele ser la parca información que reciben las madres primerizas cuando les entregan el paquetito en los hospitales de nuestro país. ¿Y ahora qué hago?, se preguntan preocupadas. Claro, está el instinto. Esa información ancestral, milenaria, atávica, que cada mamá trae en sus genes. Esa información le dice qué hacer y se lo dice con fuerza: abrázalo, acarícialo, contén su llanto, cárgalo, bésalo y dale de mamar... Pero ese instinto tiene competencia: ya saben, la tía Gertrudis. Esa tía metiche que tenemos en todas las familias y que grita: "Ya no cargues tanto a ese bebé, que lo vas a embracilar", o el médico incluso, que con aires de suficiencia y desde el otro lado de su escritorio dictamina: "Tu leche no sirve, dale mejor de esta en polvo...", y le regala una lata de fórmula a esa mamá que apenas está empezando a amamantar.

Por más fuerte que sea el instinto, mamá flaquea. Después de todo la tía Gertrudis tiene más experiencia (o al menos eso dice ella) y el doctor que le destruye la lactancia estudió en la facultad. ¿Y si no les hago caso y algo le pasa al bebé? Mamá duda.

El niño crece y siguen las dudas: tiene fiebre, ha vomitado, trae ronchas... ¿Podrá ir a la alberca?, ¿qué pasa si le doy huevo?

Papá y mamá consultan internet. Alud de información contradictoria e imprecisa...

La justificación de este libro es ayudar a mamá y a papá para que lleven a cabo la tarea más importante que la vida le encarga al ser humano, "el arte de las artes": la crianza.

Mi compromiso con ustedes, queridos papás, es darles información simplificada, sencilla, fácil de digerir. Aunque esta obra no es un documento científico, tómala en tus manos con la confianza de que lo que aquí está escrito tiene soporte en la ciencia. No encontrarás aquí opiniones personales ni "testimonios". Solo medicina basada en evidencia.

Encontrarás, eso sí, anécdotas. El ejercicio de la pediatría está lleno de experiencias, de vivencias anecdóticas que le dan color y emoción a la vida. Habrá en estas páginas alegrías y tristezas, pues las unas no existen sin las otras.

El niño, mi visión personal

Yo me acuerdo de cuando era niño.

El niño que mejor conozco es el niño que fui, porque me sigue acompañando todo el tiempo. Nunca se ha ido del todo. Regresa en mis sueños cuando estoy dormido, regresa si lo invoco, como ahora que escribo esto, y regresa también de forma inesperada cuando percibo algún aroma, escucho alguna melodía o veo alguna imagen. Ese niño sigue ahí, con sus vergüenzas, sus alegrías, sus tristezas y sus nostalgias.

Uno de mis recuerdos más antiguos es el del regaño porque me hice popó en los calzones. Era en casa de mi abuela y mi mamá, enojada, decía algo así como: "Mira nada más, tan grandote…", y ya no me acuerdo qué más. Pero me estaban limpiando. Supongo que ya habría pasado por aquel trámite del control de los esfínteres y me habrá dado igual. Quizá por estar jugando (siempre estaba jugando) no quise ir al baño o simplemente fue un accidente, de cualquier forma, es interesante que lo recuerde. Según dicen los que saben, los primeros recuerdos se guardan en la memoria a partir de los tres años cuatro meses y el cerebro les da prioridad a las experiencias gratificantes. El recuerdo no es gratificante, pero sí vergonzoso y seguramente por eso se grabó en mi memoria.

Me acuerdo claramente, me dio vergüenza.

Me sentía avergonzado de estar ahí acostado boca arriba mientras mi mamá me levantaba las piernas para limpiar el cochinero que hice.

Recuerdo las ilusiones. Por ejemplo, cuando mamá nos decía: "Mañana vamos a Chapultepec". Ustedes no pueden imaginarse lo emocionante que era ir a Chapultepec con mis hermanos y otros niños cuyos nombres y rostros he olvidado para siempre. Para aquel "yo" de cuatro años que alguna vez fui era tan emocionante que no podía esperar la hora de subirnos al "vocho" todos apretados y felices. Yo iba en el hoyo. Los que tuvimos un vocho de niños sabemos a qué me refiero.

Recuerdo la ilusión que nos hacía la Navidad, la más intensa de todas. La emoción de ver los regalos bajo el árbol y la ansiedad desbordante de la Nochebuena, con la casa iluminada y llena de gente, golosinas y canciones, en espera del evento más emocionante de todos, la aparición milagrosa de los regalos, que a mis hermanos y a mí nos los llevaba el Niño Dios, pero a otros niños Santa Clós, y a otros los Reyes Magos hasta el 6 de enero. El punto es la ilusión tan grande que sentíamos, tan grande que no se olvida nunca.

Recuerdo el miedo: el miedo paralizante, helado y cruel, que se cuela hasta los huesos y me dejaba con la boca seca. Recuerdo también la vergüenza de sentir el miedo y las burlas de mi hermano mayor (era muy burlón) cuando entrábamos a la sala del museo en donde estaba el dinosaurio. Yo le tenía pavor al dinosaurio ese. Quién sabe por qué, pues era de puros huesos y totalmente inofensivo. Mi mamá me entendía y se quedaba afuera conmigo, mientras los niños mayores, mucho más valientes, entraban a admirar el esqueleto aquel, que quiero suponer que sigue ahí, en el Museo de Historia Natural de Chapultepec.

Me acuerdo muy bien de la sensación de seguridad. De esa seguridad absoluta que en aquel entonces parecía que sería eterna. La seguridad de estar en la cama de mis papás, acostado entre los dos mientras mi mamá me acariciaba la frente para que me volviera a dormir. Eso solía ocurrir después de que yo despertara a toda la casa con un grito estridente y destemplado, provocado por alguna pesadilla. Porque igual que todos los niños del mundo, yo tenía pesadillas, pero yo no me levantaba con mi osito de peluche para ir con mis papás. Yo daba de gritos y berridos hasta que fueran por mí. Mis hermanos aún lo recuerdan y se siguen burlando un poquito. Déjenlos, nunca maduraron...

El caso es que recuerdo la seguridad plena que sentía de niño al estar protegido por mis figuras de apego.

Me acuerdo de la hora de salida del jardín de niños. Mamá se tardaba en ir por mí, quién sabe por qué. A la salida nos alineaban sentaditos en una banca mientras llegaban las otras mamás, entraban y recogían a sus respectivos críos, llevándolos de la mano. No he olvidado la angustia que sentía conforme los demás niños iban saliendo felices con su mamá, mientras yo me quedaba ahí solo, llore y llore. Cuando al fin llegaban por mí, las lágrimas no me dejaban ver nada. Yo sentía que mi mamá me había olvidado, eso lo recuerdo muy bien, y desde la perspectiva de mis cuatro o cinco años tenía sentido. Hoy se llama angustia de separación, y sí, puede extenderse hasta la edad preescolar.

Un día granizó cuando estábamos en el kínder. Cuando terminó la granizada el patio quedó cubierto del granizo que poco a poco se iba derritiendo con el calor del verano. Me acuerdo de que un compañerito me mostró una piedrita blanca del tamaño de los pedacitos de hielo que habían caído del cielo y me dijo: "Si persignas un granizo con la señal de la Cruz, el hielo se convierte en piedra". Guardó su piedrita y se fue. Ahí me quedé yo, como un perfecto idiota persignando granizos. Ninguno se hizo piedra.

Los psicólogos, los paidopsiquiatras y los pedagogos han demostrado que los niños tienen todos estos sentimientos y emociones iguales o más intensos que el adulto, y eso está muy bien, porque la evidencia científica siempre está muy bien, nos ayuda a los doctores a actuar con base en la "medicina basada en evidencia" y no debemos actuar de otra manera.

Pero si tú, papá o mamá, fuiste un niño como yo lo fui, recordarás que tuviste miedos, angustias, alegrías, ilusiones, tristezas, desengaños. Recordarás que fuiste inocente y alguien te tomó el pelo… Si tuviste la máxima bendición de tener unos padres amorosos, recordarás la seguridad que te daban y la confianza que te proyectaban. Si tuviste una familia que te amaba, recordarás todo eso con alegría y con regocijo.

Si tú fuiste un niño como yo lo fui, no necesitarás que venga un científico a decirte que los niños tienen emociones y tienen sentimientos tan profundos e importantes como los del adulto, porque eso ya lo sabías, solo que quizá a veces se te olvida.

Esa es mi visión del niño: la de un ser humano completo y complejo, que carga con todo el bagaje de su herencia genética y de sus ancestros culturales y sociales, para bien o para mal, pero es demasiado pequeño para poderlo manejar sin ayuda.

Desde el punto de vista emocional, el niño es un ser humano cabal, pues no hay sentimiento o emoción que no esté ya incorporado a su ser. Todo está en su *software*, diríamos hoy. Necesita que entendamos lo que siente, lo que piensa, lo que lo asusta y lo que lo hace feliz. Para eso, tú como padre y cuidador, quizá solamente tengas que sentarte un rato a solas a desenterrar tus recuerdos más antiguos. Sean felices o desgraciados, de cualquier manera serán la mejor herramienta que tienes para la máxima responsabilidad que la vida te ha dado: la crianza de tus hijos.

Para el niño sus problemas son tan grandes y tan importantes como para mí los míos, sus alegrías tan grandes o mayores aún que las que yo puedo sentir.

Si conseguimos viajar hacia atrás en el tiempo y recordar al niño que fuimos, nuestro quehacer como padres y cuidadores será mucho más fácil y mucho mejor. Se llama empatía. Si buscas ser empático con los adultos, ¿por qué no serlo con tus hijos?

Cada niño es distinto

Comparar es natural. Lo hacemos todo el tiempo y supongo que está bien. Incluso cuando compramos aguacates, ¿no? Magullamos varios hasta que encontramos el que nos gusta. Pero... como sin duda lo habrán inferido, los niños no son aguacates. Comparar a un niño con otro las más de las veces resultará en errores que pueden ser graves, sobre todo si el niño que comparas es tu propio hijo. Es lo que menos necesita.

Hay mamás y papás que tienden a compararlo todo.

Pongamos como ejemplo a Tomasito, un niño ficticio pero muy real y que nos será de gran ayuda en el desarrollo de este libro.

A Tomasito lo comparan con su primito el greñudo desde que tiene dos meses, porque aquel nació con pelo como para peinarse como Elvis y Tomasito, en cambio, tiene cabeza de kiwi. "¿Será normal, doctor, que no tenga pelo?", pregunta su mamá con angustia. O, "fíjese, doctor, que al primo de Tomasito le brotó el primer diente a los tres meses y él ya tiene nueve y ningún diente". También: "El niño del vecino es de la misma edad que Tomasito, pero ya se sienta solo… me preocupa, doctor, porque mi niño no". O la típica: "El niño de la vecina ya caminaba perfectamente bien a los 10 meses y hasta corría, y Tomasito a la misma edad apenas está empezando a gatear". Y no faltarán las exageraciones, sobre todo de tu tía Gertrudis, ya sabes, la tía metiche que siempre opina cuando nadie le pregunta: "A la edad de Tomasito, Adriancito ya se sabía todas las tablas de multiplicar y hasta la raíz cuadrada, y este no sabe ni cuánto es dos por dos…".

No son pocos los papás que comparan a sus hijos para luego angustiarse por todo y por nada.

Calma, que la normalidad es muy amplia. Te pondré algunos ejemplos:

Un niño de un año puede medir unos 70 centímetros y es normal, o puede medir 80 centímetros o un poco más y también está bien. Son 10 centímetros de diferencia, si los pones uno junto al otro, podrás pensar que alguno de los dos tiene un problema, y no, no necesariamente.

Un niño puede empezar a caminar a los 10 meses y otro al año y medio y ambos están bien.

El control de los esfínteres puede ocurrir a los dos años de edad o hasta los cuatro años, y es normal. Son nada menos que dos años de diferencia, y no es raro que algún niño de cinco años de edad todavía moje la cama por las noches. Imagínate lo que sentirán los papás de un niño de esa edad si llega la tía Gertrudis a presionar porque su sobrino fulanito ya amanece seco y apenas tiene dos.

Además, toma en cuenta que la tía Gertrudis suele ser "un poquito" exagerada. La mayoría de la gente suele exagerar al comparar, sobre todo si de niños se trata. Esto sí no sé por qué, pero sucede.

Entonces, calma, que la normalidad es muy amplia. No comparar es en principio el mejor consejo. Pero eso no significa no estar alerta. El desarrollo psicomotor de todo niño debe evaluarse de manera individual en la consulta rutinaria con el pediatra o con el médico de cabecera. Hay parámetros establecidos que nos indican si hay algún retraso o si algo no va bien. Aun así, cada caso es distinto y debe correlacionarse con la genética (la herencia), la cultura y el medio ambiente.

Las tablas y gráficas de crecimiento son útiles, y los hitos del desarrollo establecidos también, pero antes de decir que un niño tiene o no un problema es indispensable tomar en cuenta todos los factores que lo rodean. Tu pediatra tiene para eso una herramienta insustituible, que se llama "historia clínica".

La historia clínica es la herramienta más valiosa que existe en el ejercicio de la medicina. Ahí se toma en cuenta todo, desde los antecedentes heredofamiliares y los aspectos culturales y ambientales que rodean al niño, hasta sus antecedentes personales, desde el embarazo hasta el momento actual. Y desde luego exige la exploración física completa del bodoque en cuestión.

Solo después de realizar la historia clínica el pediatra podrá decirte si ese pequeñín que se ve tan chiquito o tan grandote, tan calladito o tan platicador, tan comelón o tan remilgoso, tan greñudo o tan pelón, tan inquieto o tan tranquilo, tan risueño o tan llorón, etcétera, está o no dentro de lo normal.

Y no se les olvide que ustedes, mamá y papá, tienen un instinto paternal muy fino, pero a veces para escucharlo es necesario el silencio… no escuchar opiniones ajenas.

No compares a tus hijos con nadie. Son únicos.

Manejo de los metiches, incluyendo a tu tía Gertrudis

A lo largo de algunos lustros de andar en el camino he podido constatar la presión tan terrible a la que suelen ser sometidos los papás, principalmente los primerizos. Lo veo todos los días. O bueno, sin exagerar, y de veras no exagero, un día sí y un día no.

Un ejemplo: llegó una joven pareja. Ella delgadita, espigada. Él, flaco. Sí, flaco. Así se les dice. Pero ambos de estatura elevada.

Lo que traían en brazos no era precisamente un bodoque sino, digamos, una espiga feliz de siete meses, pegada al pecho de mamá. Venían de la guardería (¡ay, esas guarderías!) porque les dijeron que la bebé, me refiero a la espiga feliz, estaba muy baja de peso.

Sin rodeos: después de una historia clínica completa, la bebita resultó encontrarse dentro de los parámetros normales para peso y talla. Simplemente es una nenita alta y delgada, más fresca que una lechuga y más sana que una manzana.

Pero su mamá estaba a punto de quitarle el pecho. Su suegra, su madre, la enfermera de la guardería, la vecina del 18 y tristemente algunos médicos le han dicho y repetido que le suspenda la leche materna porque ya es pura agua.

Mamá sabe que no es pura agua. Ella sabe que su bebé está bien, pero tanta tía Gertrudis y tanta presión la hacen dudar. Al dudar mamá, también papá se inquieta. ¿Lo estaremos haciendo bien? ¿Y si mejor le damos fórmula? Después de todo, sí se ve flaquita…

¿Cómo lidiar con las injerencias de tanto metiche? (representados todos ellos por la querida tía Gertrudis, quien también es un personaje ficticio pero muy real y que será de gran utilidad en el desarrollo de este libro).

Pues para esto te tengo una respuesta de más o menos 2421 años de antigüedad. Te remito a Sócrates. El mismísimo filósofo que alcanzó tal sabiduría que logró darse cuenta de que en realidad no sabía nada. ¿Te das cuenta de la profundidad de la inteligencia de aquel que siendo el hombre más sabio de su época y de las siguientes pudo vislumbrar la inmensidad de los misterios por conocer en el universo?

Bueno… Sócrates no necesita de los elogios de nadie, y por suerte para nosotros, nos dio la respuesta: "¿Acaso debemos nosotros seguir la opinión de la mayoría y temerla, o la de uno solo que entienda, si lo hay, al cual hay que respetar y temer más que a todos los otros juntos?".

En su diálogo *Critón*, Sócrates explica que hay que hacerles caso a los que saben. Oídos sordos a los necios.

¿Cuánto tiempo estudió medicina esa tía Gertrudis que te dice que le quites el pecho al bebé?

¿Cuánto sabe de microbios la vecina que te dice que tu niño está empachado y que necesita una sobada?

Y algo más serio:

¿Cuántos niños han muerto de deshidratación por ir a que les levanten la mollera en vez de ir a la clínica a tiempo?

Sabemos bien que no todos los médicos y los supuestamente expertos te darán siempre el mejor consejo. Nunca falta ese "prietito en el arroz" que te dice que suspendas la lactancia, o que le pongas zapatos ortopédicos, pero... recuerda que ahí está tu instinto. Recuerda, además, que si algo no te parece lógico puedes tomar una segunda opinión.

Ten cuidado con la información que encuentras en internet o en redes sociales. Suele ser incompleta, contradictoria y muchas veces errónea.

Busca respuestas solamente en sitios oficiales, avalados por instituciones serias o en aquellos en que se ofrezca al menos un respaldo académico.

Te remito a Sócrates: para lidiar con los metiches, incluyendo a tu tía Gertrudis, haz caso a los expertos e ignora a los que no lo son.

No necesitas pelear con nadie. Recuerda que al final tú mandas. Bien puedes decirle que sí a tu querida tía y al final hacer lo que sabes que es correcto. Se vale seguirle la corriente.

Qué esperar del pediatra y qué espera el pediatra de ti

Si buscas en páginas de internet "cómo escoger un buen pediatra", encontrarás sesudas recomendaciones valiosísimas.

Verás que deberá contar, desde luego, con todos los títulos y credenciales, estar certificado y colegiado, estar actualizado, etcétera. No querrás poner a tus hijos en manos de gente improvisada.

Eso es lo que encontrarás si buscas "cómo elegir un pediatra", porque lo que necesitas es un verdadero profesional de la salud, alguien que practique la medicina basada en evidencias y que te diga las cosas como son, te gusten o no.

Eso está muy bien. Pero... el pediatra tiene que ser más que eso. O bueno, no es que tenga que, pero debería.

Tiene que ser empático. Empático no quiere decir simpático. Lo segundo es que te caiga bien. Lo primero es que te entienda y que se ponga en tu lugar. Eso es un poco más difícil de encontrar, pero es fácil de detectar: observa si te está escuchando.

Te repito: observa si escucha. Porque el saber escuchar es una cualidad indispensable para el clínico. Más importante aún que una pared llena de títulos, más importante que la fama o la última moda en equipamiento y aparatos para el diagnóstico.

Para que el pediatra se dé cuenta cabal del problema que tiene tu niño necesita hacer la historia clínica.

La historia clínica sigue siendo, hoy por hoy, el más agudo instrumento de diagnóstico y no puede ser suplida por la tecnología.

Sin una buena historia clínica, tu pediatra eventualmente fallará, y eso redundará en perjuicio de tu hijo. Y para elaborar una buena historia clínica es indispensable escuchar.

No es ningún secreto que los médicos solemos ser a veces "un poquito" soberbios y pedantes (¿a veces?). Despreciamos con un gesto de autosuficiencia la información que se nos proporciona, pues luego de tanto estudio y tantos diplomas nos sentimos muy sabios y no escuchamos a esa abuela que nos da información valiosísima, indispensable incluso, porque desde nuestro pedestal científico creemos saberlo todo… y no.

Ejemplos hay miles, pero te dejo el de un joven residente de pediatría que lustros ha, al rotar por el servicio de urgencias, insistía en que el niño tenía asma y no detectó un cuerpo extraño en las vías aéreas a pesar de que la abuela le dijo que el mocoso había estado jugando con los frijolitos de la lotería. La abuela le dio el diagnóstico, ¡ah!, pero él sabía más. Por fortuna al niño lo vio también el pediatra de urgencias y él sí escuchó. Al niño le fue bien, le sacaron el frijol que estaba atorado en el bronquio y ya. Pudo ser trágico para el paciente y lo hubiera sido para mí, que así aprendí a escuchar con más cuidado.

Si el pediatra no te escucha, hace a un lado con gesto de autosuficiencia la información que le das, quizá no sea la mejor opción. Aunque tenga todos los diplomas y los mejores equipos en su consultorio, aunque sea muy simpático y esté muy de moda.

En conclusión, busca que esté bien preparado y que tenga las credenciales para demostrarlo. Pero observa si te pone atención cuando le hablas.

Y el pediatra ¿qué espera de ti?

O mejorando la pregunta: ¿qué puedes hacer para ayudarle a tu pediatra?

Vi por ahí en redes sociales un meme de las indicaciones para la cita en un salón de estética de uñas. Me encantó.

Exigían pago por adelantado y puntualidad. Y aquella que llegara tarde, decía el letrero, no sería recibida y no habría reembolso.

Sospecho que la señora de las uñas sufre menos plantones y retrasos que nosotros los pediatras. Entiendo que las uñas son importantes, pero mamás: los hijos también. Eso fue ironía, no se enojen. Ya sé que les importan más sus hijos que sus uñas, pero reconocerán que en las uñas o en el salón de belleza sí son puntuales, ¿no?

Bueno, pues los pediatras apreciamos la puntualidad. Me dirás muy enojada y con toda razón: "¡Doctor, mi pediatra me hace esperar más de una hora!".

Eso es verdad y está mal. Se me van a enojar mis colegas, pero es necesario que respetemos el horario de las citas.

Así como el médico necesita escuchar, tú también. Cuando estés en la consulta, escucha. Deja a un lado el celular, y si vas de acompañante, también. Al pediatra no le gusta que lo mandes al cuerno contestando llamadas y chateando mientras explica la importancia de dar bien las medicinas al nene. Pon atención cuando te habla.

Durante la exploración física del niño el doctor necesita de tu ayuda. Un niño de dos años que chilla, berrea, patalea, muerde y grita con un volumen de 110 decibeles complica mucho la exploración si tú no cooperas. Ciento diez decibeles es más fuerte que una alarma contra incendios. Un bebé chillando es tan ruidoso como una ambulancia, pero de 14 kilos y sin las luces.

Si cuando te pido que lo sujetes lo sueltas, y si cuando quiero revisarle la barriga lo levantas y lo abrazas porque está chillando y te acongojas, lo que pasará es que tu congoja durará más tiempo y mis oídos sufrirán más pérdida. Revisar a un bebé sano es cosa de pocos minutos, desde el pelo hasta los pies, si tú cooperas. Si no, ahí nos vamos a estar. Ayúdale a tu pediatra sujetando al niño cuando te lo pide y como te lo indique. El bebé llorará menos fuerte, menos tiempo y todo será más fácil.

Terminada la consulta, el pediatra espera que sigas las indicaciones. No son caprichosas, hay una razón médica. Si se indicaron 10 días de antibiótico, son 10, no ocho ni nueve.

Mientras más conocimiento tengan los papás, más fácil será el trabajo del pediatra.

Si tú ya sabes, por ejemplo, que no hay nada mejor que la leche materna, que los bebés deben dormir boca arriba hasta que se volteen solos, que los esquemas de antibiótico deben completarse, que los niños no se "embracilan", que las andaderas no son buenas, que a los niños no se les debe golpear nunca, que la mayoría de las infecciones son virales, que la fiebre no es mala, que las inyecciones no son más rápidas ni mejores, que los zapatos ortopédicos están obsoletos y que es bueno que el niño ande descalzo, que los cacahuates son muy peligrosos en menores de cinco años, que cada niño es distinto y no debes comparar, etcétera, si tú sabes esto y otras cosas que ya son o deberían ser conocidas por quien tiene o pretende tener hijos, el trabajo del pediatra sin duda será más fácil.

Ayudarás al pediatra si te preparas, lees y estudias temas de paternidad, pero eso es lo de menos… ayudarás a tus hijos.

La consulta pediátrica prenatal

Mira que desde el *baby shower* empiezan las dudas, perdón por el anglicismo. Sí, muchas veces son esas "fiestas de nacimiento" en donde mamá recibe el montón de información confusa pues, no me dejarán mentir, los *baby shower* están llenos de tías Gertrudis, esa tía que todos tenemos en la familia y que opina sin que nadie le pregunte, dando declaraciones tales como: "Yo alimenté con atole a mi Juanjito desde los dos meses y está gordo, sano y fuerte". Y lo dice con seguridad, con tono doctoral y levantando el índice.

Tú dudas. Estás embarazada por primera vez. Mientras escuchas los consejos no solicitados de la tía metiche, mientras ves en redes sociales el alud de información contradictoria, mientras el bebé cada día te pesa más y patea más fuerte pugnando por salir… tú dudas.

¿Podrás? ¿Serás capaz de alimentar y cuidar a tu bebé? Sientes que no sabes nada, pero… sí, sí sabes. Solo que no sabes que sabes. Lo sabes por instinto, porque eres mamífero, porque eres primate. Porque tienes en tus genes información seleccionada a lo largo de millones de años para que cuando nazca el bodoque chillón sepas exactamente qué hacer.

Pero el instinto no basta, porque vives en sociedad. Porque hay doctores que tomarán decisiones, hay enfermeras, hay abuelas, tías y amigas y entre todos te abruman. Aquí te va un consejo: sé selectiva. Piensa bien a quién harás caso y a quién mandarás por un tubo. Bueno... no necesitas pelearte con tu tía Gertrudis, nada más dile que sí, pero haz lo que te convenga.

Haz caso a los que están a cargo, que al final son tus médicos.

Cuestiona al ginecólogo y al pediatra.

¿Me dices que ya en un mes nacerá tu bebé y no conoces al pediatra?

Pues conócelo. Este es otro consejo: solicita a tu futuro pediatra una visita prenatal. Será de enorme utilidad, y te explicaré por qué.

La aventura de criar un bebé no empieza con el nacimiento. Es desde antes. El nuevo miembro de la familia ya está ahí, "vivito y coleando", y aun cuando su cabecita no se ha asomado todavía deslumbrada por las luces cegadoras del quirófano, sé que tú, mamá, lo has sentido vivo en tu vientre desde mucho tiempo atrás, llena de ilusiones y de incertidumbres. Sé que estás ansiosa por conocerlo y sé, sobre todo si eres primeriza, que quizá no tengas ni la más remota idea de lo que te espera en ese lugar frío, inundado de luz blanca y hostil, con figuras embozadas con cubrebocas, guantes de látex, instrumentos extraños y gente desconocida que se mueve de un lado a otro. Tú solo ves las lámparas brillantes y escuchas palabras que no entiendes. ¿Qué harán con tu bebé cuando al fin llegue?

Decídete a resolver tus dudas con preguntas directas, empieza preguntando a tu ginecólogo, por ejemplo, si apoya la lactancia materna. Si acepta la práctica de "piel con piel". Si en el hospital en donde va a nacer tu bebé se apoya la lactancia materna y el alojamiento conjunto. De todo esto hablaremos en breve.

¿Conoces al pediatra que va a recibir a tu bebé? ¿No?

Pues te recomiendo, si te es posible, que lo conozcas. Cuestiónalo.

¡Ah!, y lleva a papá, que él también estará lleno de dudas y más nervioso que tú.

¿Qué puedes preguntar en la consulta prenatal con el pediatra?

Todo lo que quieras saber, y recuerda que no hay preguntas tontas. Si quieres saber cuándo abre los ojos el niño, cómo le sacan los mocos, si le dan le dan la nalgada para que llore, si te lo dan de inmediato, si etcétera, ¡pregunta! Tu pediatra estará encantado de resolver tus dudas, y si no… ahí lo vas midiendo.

En concreto, te sugiero que preguntes los siguientes puntos:

Pruebas y tamizajes

En la actualidad cuando nace un bebé es sometido a una serie de pruebas que sirven para detectar enfermedades que no se ven a simple vista. El bebé al nacer puede verse muy sanito, pero quizá, por poner un ejemplo, padezca de una enfermedad que se llama "hipotiroidismo congénito". Esta enfermedad metabólica ocurre en uno de cada 1400 niños aproximadamente, y si no se detecta es muy grave, porque causa retraso mental. Afortunadamente desde 1998 en México y desde 1973 en Canadá, que fueron los pioneros, la detección es posible y ahora obligatoria en casi todo el mundo. Cuando se detecta se trata y se previene. Así de simple y así de importante. El niño que iba a vivir toda su vida con una grave incapacidad mental, hoy, con su tratamiento, lleva una vida normal.

Pero el asunto este de los tamizajes no se quedó ahí. El tamiz ampliado puede detectar hasta 76 enfermedades y pronto serán más y más.

Existe además el tamiz auditivo, el tamiz de cadera (para detectar oportunamente las displasias de cadera), el tamiz oftalmológico, y se sumarán más. La medicina siempre avanza.

De modo que, si tienes la posibilidad de preguntar, pregunta qué tamizajes se le realizarán a tu bebé al nacer y, si es posible, mientras más completos sean estos estudios, mejor.

Qué hace el pediatra cuando nace el bebé

Al momento del nacimiento, una vez que se corta el cordón umbilical, tu bebé se enfrenta a la prueba más dramática, más importante de toda su vida: respirar por sí mismo. Segundos antes, el pequeño recibía el oxígeno vital a través de ti. Tú respirabas por él. Luego, de forma abrupta y de inmediato, en una fracción de segundos se termina el suministro. Se lo corta el ginecólogo con sus tijeras, se acabó.

Si pudiéramos recordar ese momento terrible y sublime quizá valoraríamos más el milagro de estar vivos.

Los pulmones de tu bebé, hasta hace poco llenos de líquido, empiezan a funcionar… ¡pero ya!, ¡no hay tiempo que perder! Es la primera gran crisis a la que se enfrenta el recién nacido en su largo camino hasta la independencia. En unos pocos segundos respirará por sí mismo. ¡Vivirá! Tu bebé está preparado para eso y superará la prueba con un grito, con un llanto de vida, y lo hará él solito, sin ayuda de nadie en la mayoría de los casos. Casi siempre, pero no siempre…

Bueno, pues para eso está ahí el pediatra. En caso de que el bebé tarde un poco en respirar, o que por lo que sea no consiga hacerlo con la eficacia debida, el pediatra le ayudará. Está capacitado para reanimar al bebé, le dará el ansiado oxígeno con destreza, que para eso está entrando y tiene los elementos necesarios, preparados en esa camita radiante en donde el bebé entrará en calor y tendrá todo lo que necesite para su nueva e importante tarea: respirar, vivir.

Eso es lo que hace el pediatra. La gran mayoría de las veces es casi un simple observador… o mejor, el afortunado observador del amanecer de un niño nuevo. Es quien recibe la primera mirada, el primer vistazo al infinito de unos ojos que al fin ven la luz. Bueno… a mí siempre me ha parecido que los bebés recién nacidos al abrir los ojos están viendo el infinito. Ese es el privilegio del pediatra y es, básicamente, lo que hace en la sala de partos.

Una vez que el bebé está estabilizado, con o sin la ayuda del pediatra, lo ideal es que regrese a ti. A tus brazos, a tu vientre, a tu pecho, a tu piel. Así debe de ser.

El pediatra tiene además otras chambas importantes, tales como la realización del test de APGAR, la aplicación de vitamina K, la determinación de la edad gestacional, la identificación del niño con sus pulseras o con el método de cada hospital, pero nada de eso debería evitar la práctica de "piel con piel".

Piel con piel

¿Habías oído de esto?

Se trata de hacer lo que la naturaleza ha hecho por millones de años y que en los últimos 100 años hemos olvidado: poner al bebé encima de su mamá, desnudo y pegado a su piel. Por eso es "piel con piel", se refiere a la piel del bebé sobre la de su madre.

Es en esta práctica cuando vemos más tempranamente la fuerza y la importancia del instinto. El tan vilipendiado instinto que hoy casi no tomamos en cuenta, pero al que le debemos nuestra existencia como especie y como individuos.

Es que a veces "sabemos" cosas que no sabemos que sabemos. Suena complicado, ¿no?

No lo es tanto. El bebé sabe mamar sin que nadie le enseñe, tiene su reflejo de búsqueda para buscar el pezón y tiene su reflejo de succión, con el que se alimenta. Nacemos "sabiendo" nadar, por ejemplo, pero luego se nos olvida y tenemos que aprender de nuevo.

Bueno, pues el recién nacido nace sabiendo "reptar", sí, reptar como una viborita sobre la piel de su mamá hasta llegar él solito al pecho materno.

Si colocamos al bebé sobre el abdomen de su mamá, lo dejamos tranquilo y lo observamos, seremos testigos de una verdadera maravilla: el pequeño se desplazará hacia el pecho, reptando como lagartija hasta encontrarlo. Lo tomará con sus manos, lo olerá y al final empezará a alimentarse sin ayuda.

Usará el tacto, el olfato y su instinto para encontrar su alimento, usará la herencia de los millones de años y de los infinitos ancestros que han dejado en ese bebé nuevecito la herencia de los tiempos, desde el principio de la vida.

Por eso es buena idea que le preguntes a tu pediatra y a tu ginecólogo en las consultas prenatales si ellos apoyan o al menos permiten que tu bebé llegue a ti tan pronto sea posible.

La Organización Mundial de la Salud (OMS) apoya y promueve está práctica, entre otras cosas porque favorece la lactancia materna.

Apoyo a la lactancia materna

Otra cosa que debes averiguar es si tu pediatra apoya la lactancia materna. Yo iría más lejos: valdría la pena saber qué tan comprometido está realmente con la lactancia materna, porque de sus decisiones iniciales puede depender el éxito o el fracaso de la misma.

De los enormes beneficios de la lactancia materna hablaremos después, pero aquí, en el espacio de la consulta prenatal, es importante que tengas bien claro qué medidas tomará el pediatra y cuáles no.

Te recomiendo que hagas preguntas concretas, sin ambages y sin temor. Para eso estás en la consulta prenatal, para conocer al doctor que se hará de cargo de tu bebé al momento de que nazca.

Pregúntale si apoya la práctica de "piel con piel". Si no sabe qué es, explícale, que todos aprendemos de todos. Quizá gracias a ti se entere y empiece a hacerlo.

Algunos pediatras en la hoja de indicaciones que se entrega a enfermería indican alimentar al bebé con un sucedáneo de leche materna (fórmula), de alguna marca en particular. La enfermera cumplirá la orden sin cuestionamientos y cuando te lleven al bebé a la habitación te darás cuenta que viene panzón, dormido, eructando la fórmula "que no le dieron" y oliendo a leche de lata… te va a dar coraje. Mejor pregunta directamente al doctor si él indica dar fórmula a los recién nacidos. Si es así, dile que te dé la oportunidad de dar lactancia materna exclusiva, de cuyos incuestionables beneficios hablaremos más adelante.

Pregúntale si indicará el "alojamiento conjunto", que es el siguiente punto a tratar.

Alojamiento conjunto

Veamos qué es eso de "alojamiento conjunto".

Fue en el siglo XX cuando la mayoría de los bebés empezaron a nacer en los hospitales. La práctica de separar al bebé de su mamá para llevárselo a una sala especial inmediatamente después del nacimiento, se hizo "normal", aunque en realidad nunca ha sido normal. Lo normal para nuestra especie, siendo mamíferos y primates, es que el bebé al nacer se quede pegadito a su mamá.

Quién no ha visto la sala de los recién nacidos, llena de cunitas con pequeños bultos alineados en filas y expuestos a través de la ventana mientras la familia pega las narices empañando el cristal y opinando acerca de lo encantador y hermoso que está tal bebé: "Es aquel, ¿verdad? —señala la abuela a uno entre los 20 que hay—. Mira qué chulo... tiene los ojos azules...". "No, abuela, es aquel otro, el de atrás, el que está chille y chille y tiene los pelos parados... la enfermera le está dando el biberón...".

Nos parece normal, pero... ¿lo es?

Lo normal sería que después de nacer y una vez terminados los procedimientos de rutina indispensables en todo recién nacido, el bebé permanezca con su mamá, en la habitación de su mamá y, de ser posible, en sus brazos. Lo normal sería que el bebé no conozca el biberón, excepto en los casos, muy pocos, en los que la lactancia materna no sea viable o no sea suficiente.

¿Y qué dice la Norma Oficial Mexicana?

> **Alojamiento conjunto** es la ubicación y convivencia de la persona recién nacida y su madre en la misma habitación para favorecer el contacto inmediato y permanente, así como la práctica de la lactancia materna exclusiva.

La norma es clara, dice: "contacto inmediato y permanente". No dice que nada más por ratitos cuando el bebé vaya a comer. No dice que le den biberón al bodoque porque mamá se quedó dormida, no dice que le den fórmula por si acaso "no se llena con la leche materna", no dice que se la den porque a mamá "todavía no le baja la leche" (eso de que "todavía no baja la leche" lo veremos con detalle más adelante).

¿Y por qué el alojamiento conjunto es tan importante? Porque favorece la lactancia materna. Porque tu instinto te dice que el lugar de tu bebé es contigo y en tus brazos y ya va siendo tiempo de que recuperemos los comportamientos naturales que la modernidad nos ha arrancado. Los cuneros con filas de niños sanos, envueltos como tacos en sus cunitas formados para su exposición, no deberían de existir. Los bebés deben de estar con sus mamás. Ese es el alojamiento conjunto.

Biberón pirata

La lactancia materna exclusiva, es decir, el que el bebé no tenga ningún contacto con las fórmulas tiene ventajas muy bien demostradas, de las que hablaremos después. Es por eso que es importante evitar el "biberón pirata". Es ese biberón de fórmula que le dan a tu bebé en los cuneros sin tu consentimiento y sin que tú de tes cuenta. ¿No sabías? Pues sucede todo el tiempo.

No supongas que tu pediatra es prolactancia; mejor pregúntale y sé clara al cuestionar: ¿evitará el pediatra que tu bebé tenga contacto con la fórmula a no ser que sea estrictamente necesario?

Es frecuente que después del parto o la cesárea, cuando estás dormida o descansando, se lleven al bebé al cunero, en donde acomodan a todos los bebés sanos que deberían de estar con su mamá, en "alojamiento conjunto".

Es posible que tu pediatra a la hora de escribir las indicaciones médicas para tu bebé haya ordenado que le den fórmula. Dile en la consulta prenatal que no estás de acuerdo, a no ser que sea estrictamente necesario, que muy pocas veces lo es.

Ese es el "biberón pirata". No temas indicarle a tu pediatra que no lo quieres para tu bebé. Dile que quieres conseguir una lactancia materna verdaderamente exclusiva.

¿Y SI ALGO SALE MAL?

Recuerda que el nacimiento es el momento del gran cambio. A partir del corte del cordón umbilical la vida del bebé depende de su capacidad respiratoria. Vaya que es un gran momento.

A veces, por varios motivos, esa "independencia respiratoria" no se da y el niño necesita apoyo para respirar. En tal caso, el pediatra no te lo entregará de inmediato como tú esperabas. Tendrá primero que estabilizar su función respiratoria y valorar al pequeño en forma integral, hasta asegurarse de que todo está bien. Esto puede llevar tiempo. En ocasiones algo no viene bien... somos seres vivos y la enfermedad es parte de la vida, aunque todo se haga bien, algo puede salir mal. Esto es particularmente cierto en el ejercicio de la medicina. La variabilidad biológica puede dar sorpresas y los imponderables pueden presentarse en cualquier momento. Debemos estar preparados para ello.

Si algo no sale como lo esperado, habrá llegado el momento de poner a tu bebé en manos de los médicos y el personal de salud, confiar en ellos y esperar lo mejor.

Puedes hablar de esto en la consulta prenatal con tu pediatra. Puedes preguntar si el hospital donde nacerá tu hijo cuenta con todos los insumos, el equipo y el personal para enfrentar cualquier emergencia. Debes de saber que hay clínicas pequeñas que atienden partos y cesáreas y no siempre están bien equipadas ni cuentan con el personal adecuado. Si todo sale bien, no habrá problemas, pero si no, tu bebé tendrá que ser trasladado a donde pueda ser atendido, y esto puede ser muy difícil. La atención de un recién nacido con problemas requiere personal de enfermería experto, capaz de hacer procedimientos muy complicados. Tienes derecho a preguntar.

En los hospitales del Sector Salud en México no tendrás la oportunidad de una consulta prenatal con el médico que recibirá a tu bebé, pero al menos en las áreas urbanas se cuenta con los elementos necesarios para enfrentar las complicaciones más comunes. Pero sea en la medicina privada o institucional, un buen control prenatal es la clave para evitar problemas, y este puede llevarse a cabo con éxito en el Sector Salud. Tómalo muy en cuenta.

Recuerda: no hay preguntas tontas. Tú pregunta, pregunta y pregunta.

“Manual de instrucciones del recién nacido”. Por si nadie te dijo qué hacer con el bodoque cuando te lo entregan

Visitas

Primero quiero dirigirme a la familia del bebé. A esos tíos y tías, primos, amigos y a todos aquellos que quieren conocer al bebé:

Aguántense las ganas de ir a verlo al hospital. Mamá está cansada, papá no sabe ni qué hacer. El inicio de la lactancia, sobre todo en las primerizas, requiere de mucha concentración. El primito de cuatro años que está brincando y gritando nada tiene que hacer ahí. Respetemos los reglamentos del hospital o sanatorio y no hagamos bola.

Las abuelas son otra cosa. Ellas sí ayudan y, además, sabemos que sería imposible no recibirlas. A ver quién se atreve a correrlas…

Las visitas en el hospital deben reducirse al mínimo y por poco tiempo.

Y ya en casa, de nuevo, primero me dirijo a las visitas con algunas recomendaciones:

Llevar cubrebocas. Podemos ser portadores de una gripa sin darnos cuenta. Lo que menos necesita la madre de un recién nacido es andar llena de mocos y estornudos, en el mejor de los casos. Eso sin mencionar al bebé, que ya tendrá tiempo y oportunidad de enfrentarse a los microbios del mundo y así preparar su sistema inmunológico, pero por el momento acaba de nacer. Todo lo que necesita está en su madre, incluyendo ese contacto con los gérmenes, inevitable, que le ayudará a ser más fuerte en el futuro, pero por lo pronto será mejor mantenerlo lejos de los bichos de otras personas.

No hay que llegar de sorpresa. Quizá mamá esté indispuesta, no esté de humor o simplemente quiera estar sola con su bebé. Necesita intimidad para cantarle, acariciarlo, arrullarlo, besarlo y contemplarlo con ternura a solas. Si llegamos de sorpresa es probable que la visita sea terriblemente inoportuna.

Hay que llegar limpios, visitar al bebé después de un partido de futbol, llenos de tierra y sudor es una pésima idea.

No tocar al bebé. O al menos no hacerlo sin permiso, y en tal caso, previo lavado exhaustivo de manos, y si te sugiero portar cubrebocas, de ahí se infiere que besar a la criatura es algo que se debe de evitar, sobre todo en las manos y la cara. Podemos ser portadores asintomáticos de enfermedades para las que el sistema inmunológico del niño no está preparado, como el herpes, por ejemplo.

Nada de perfumes y lociones. Ni a mamá ni al bebé les caerán bien.

Pide permiso para tomar fotos, pero sobre todo para subirlas en redes sociales. Es posible que mamá y papá no quieran compartir con todo el mundo las imágenes o videos de su bebé. No todo el mundo quiere ventilar su vida privada.

Si eres fumador, no vayas. El humo de tercera mano que está impregnado en tu cuerpo es malo para el niño. O en todo caso, deja de fumar unos tres días antes, báñate y ponte ropa limpia que no haya estado expuesta al humo. Luego, ya lejos de la casa del bebé, cada quien es libre de autodestruirse a su antojo.

Lo mismo para quienes usan vapeadores o cigarros electrónicos, que, como no se perciben, pueden ser más peligrosos.

Ahórrate los consejos no solicitados. Son inoportunos y casi siempre equivocados.

Por último, si estás enfermo, ni se te ocurra visitar al bebé.

Y a ustedes, papá y mamá, les digo:

El momento mágico es de ustedes. Compartir alegrías las acrecienta, pero solo ustedes saben cuándo y cómo.

No se detengan en miramientos para negarse a recibir visitas o para decirles que ya es hora de que se retiren. No teman decirle a la tía metiche que no, que no puede besar al bebé. No duden en correr al fumador o al que llegue con tos y estornudos.

La gente que de verdad los quiere lo comprenderá y los apoyarán, los que no, no importan. El momento es de ustedes: que nadie se los eche a perder.

CÓMO ACOSTAR AL BEBÉ PARA DORMIR

Hace algunos años me llamaron para ver a un bebé de cuatro meses que no se movía. Su mamá, cansada del quehacer del hogar, se acostó a descansar un rato y puso a su bebé en la cuna con su osito de peluche. Como hacía frío, lo tapó con una cobija, prendió la calefacción y se durmió. Al despertar vio a su hijito inmóvil, tenía los labios morados. Cuando llegué yo, el pequeño estaba muerto.

Era un niño previamente sano, que tomaba leche materna y tenía un desarrollo normal.

Murió por el síndrome de muerte súbita del lactante.

"¿Pudo haberse evitado su muerte?", me preguntó su mamá, una mujer muy joven.

¡Qué pregunta tan difícil!

No hay una respuesta adecuada, porque, aunque las medidas que a continuación voy a exponer disminuyen hasta en 50% el riesgo de que ocurra la muerte de cuna, no lo anulan por completo. Pero sí podemos decir que si el osito de peluche y las cobijitas no hubieran estado en la cuna y que si la calefacción no hubiera estado demasiado caliente, quizá el niño no hubiera muerto. Jamás lo sabremos.

Pero si quería ser honesto ante esta terrible pregunta: "¿Pudo haberse evitado su muerte?", la respuesta tuvo que ser: posiblemente sí.

Porque ciertamente, sí. Es posible prevenir, aunque no al cien por ciento, la muerte súbita del lactante, también conocida como "muerte de cuna". Pero... ¿cómo decírselo a una madre que acaba de perder a su bebé?

No fue fácil, pero fue necesario. Tarde o temprano esta joven mamá sabría por su cuenta que sí hay forma de prevenir esta tragedia. Si tuvo o no otro hijo, no lo sé, jamás la vi de nuevo, pero si fue así, ya estaría mejor preparada.

Ella no sabía de la existencia del síndrome de muerte súbita del lactante, no sabía que existía el riesgo de que el bebé muriera por dormir en su cunita, a un lado de ella. Cuando nació su bebé nadie le dijo cómo dormirlo de forma segura.

Han pasado ya 15 años y la mayoría de los niños que nacen en México llegan a su casa con el mismo desconocimiento de aquella mamá cuyas lágrimas, que no se me olvidan, me llevan a divulgar la información que ahora les comparto.

Estas recomendaciones que les presento son para bebés sanos hasta el año de edad, son de la Academia Americana de Pediatría (AAP). El lector puede buscarlas en la página de la AAP llamada Healthychildren, en internet, tomen en cuenta que, como todos los temas pediátricos, se actualiza constantemente.

- Los bebés deben de dormir boca arriba. Sí, boca arriba. Sé que a muchos papás les da la impresión de que si el pequeño está acostado boca arriba y se le regresa la leche por un vómito o por un reflujo se puede ahogar. De modo que es posible que prefieran acostarlo de costado.

  Antes de 1992 no existían criterios uniformes de cómo dormir a los bebés, cada quien actuaba según su propia experiencia. Pero eso no es medicina basada en evidencia. Fue hasta entonces cuando por primera vez la AAP emitió recomendaciones para dormir al bebé. En aquel entonces publicó que los bebés debían dormir boca arriba o de costado, para evitar ahogamientos. Para 1994 la evidencia era muy clara. Los niños deben dormir boca arriba siempre. Con ese simple hecho se redujeron las muertes de cuna hasta en 50%. Con las estadísticas no se puede discutir. Los niños deben dormir boca arriba y no de costado.

  Pero los estudios no se quedaron ahí. Desde entonces a la fecha se ha emitido una serie de recomendaciones para el sueño seguro, detectando los factores de riesgo y corrigiéndolos.

- Si el bebé tiene reflujo gastroesofágico, también y con mayor razón debe dormir boca arriba. A los padres o cuidadores de los niños les angustia que si el niño regurgita la leche salga por la nariz y por la boca. Sienten que al estar boca arriba la leche ahogará al bebé, pero no es así. La explicación está en la anatomía de las vías respiratorias: el ahogamiento (broncoaspiración) no ocurre en la boca o en la nariz, sino en el cuello a nivel de la epiglotis, que es donde está la manzana de Adán. Al estar boca arriba, la tráquea del pequeño (que es por donde va el aire) queda por encima del esófago (que es por donde va la comida). Por lo tanto, la leche no sube para meterse a la tráquea, sino que pasará de largo hasta salir por la nariz o la boca. Ese niño no se ahogará fácilmente. Pero si lo tienes boca abajo, entonces el esófago queda por encima de la tráquea. La leche, por simple gravedad, puede entrar en la vía aérea sin darle tiempo al bebé, que está dormido, de que se active el reflejo epiglótico, que es con el que se cierra la entrada a la tráquea.

El colchón del bebé debe de ser firme y plano, que no se hunda. La superficie no debe marcarse al colocar al bebé. La sábana que cubra al colchón deberá estar bien restirada, sin arrugas.

En la cuna no debe haber ningún objeto. Ni almohadas, no cobijas, ni juguetes de ningún tipo.

De igual modo, el perímetro de la cuna no debe de estar acolchado y debemos asegurarnos de que el bebé no pueda atorarse entre el colchón y los barrotes de la cuna o las barreras del moisés.

- Si el bebé se queda dormido en su columpio o su portabebé o en el asiento del coche, debe de colocarse en una superficie plana y boca arriba tan pronto como sea posible.
- La AAP no recomienda que el bebé duerma en la misma cama que los adultos bajo ninguna circunstancia.

  En caso de que aun así se comparta la cama con el bebé, debemos saber que hay situaciones que aumentan significativamente el peligro:

  - Ingesta de alcohol o consumo de drogas, incluida la marihuana.
  - Cansancio, fatiga.
  - Tomar medicamentos para dormir o que impiden despertarse.
  - Consumo de tabaco en cualquiera de sus formas, y esto incluye los vapeadores.
- El exceso de calor en la habitación o abrigar demasiado al bebé también aumenta el riesgo de muerte de cuna. En general se recomienda abrigar al bebé con una capa de ropa más de la que usaría el adulto para estar cómodo. Hay que identificar las señales de que el pequeño está acalorado: si está sudando o tiene la piel ruborizada, es que está más abrigado o

hace más calor del conveniente. Al tocar la nuca del bebé nos damos cuenta rápidamente si está sudando. Si es así, hay que quitarle una capa de ropa o bajarle a la calefacción.

- Sí se vale el chupón o chupete, pues puede prevenir la muerte cuna. Pero es importante aclarar que no debe usarse hasta que la lactancia materna se haya establecido correctamente, es decir, que el suministro de leche sea el adecuado, que el amamantamiento sea cómodo y que el niño esté subiendo de peso adecuadamente.

  Si el bebé no quiere el chupón, no hay ningún problema.
- Al acostar al bebé siempre boca arriba puede ocurrir que su cabecita se aplane, pues los huesitos de su cráneo son blandos y, como ya dijimos, el colchón debe ser firme. Para evitar este "síndrome de cabeza plana" se recomienda colocar al bebé bocabajo, cuando esté despierto y bajo supervisión.

  Tomemos en cuenta que las paredes son muy aburridas, incluso para un bebé recién nacido. Si la cuna está pegada a un muro y colocamos al niño boca arriba, él volteará su cabecita hacia donde estás tú, no a la pared. El lado de la cabeza que quede sobre el colchón puede aplanarse. Esto se resuelve acostando al bebé alternativamente con su cabeza en la cabecera y en los pies de la cuna. Así girará su cabeza una vez hacia la derecha y la siguiente a la izquierda. Fácil.

- Toma en cuenta que los bebitos están diseñados por la naturaleza a través de los millones de años de evolución para estar en brazos. Y no, no se "embracilan". Así que mientras más tiempo lo cargues, será mejor para el bebé, aunque para tus brazos puede ser agotador, claro está. Por eso es recomendable el uso de un fular o de un porteo ergonómico que te permita traer al bodoque junto a ti y tener las manos libres.

Cómo inicia la lactancia

¿Y por qué no le da pecho?

Es la pregunta que les hago a las mamás que llegan conmigo con bebitos de todas las edades, desde recién nacidos hasta niños ya mayores que no tuvieron lactancia materna.

El caso es que esa pregunta la hago con mucha más frecuencia de lo que yo quisiera. La respuesta suele ser casi siempre la misma: "Es que no me bajó la leche, doctor".

En su mayoría son mamás que querían dar pecho, pero que según parece no tuvieron leche suficiente cuando nació el bebé.

"Es que nació de cesárea, doctor —me dicen algunas—. Por eso no tuve leche al principio y le tuve que dar fórmula".

Pasa todo el tiempo. Esas mamás que querían dar pecho pero que no pudieron porque no supieron cómo; porque nadie les dijo cómo. La mayoría de las lactancias maternas perdidas, puedo asegurarlo, fueron por ignorancia.

Un gran porcentaje de lactancias se pierde durante los primeros días, antes de salir del hospital.

La falta de compromiso de muchos hospitales en temas de lactancia y la escasa información de las mamás, aunado a que los sucedáneos de leche materna están siempre disponibles, hace que las lactancias fracasen.

"No me bajó la leche y le tuve que dar fórmula" es el triste comentario que se repite una y otra vez en los consultorios pediátricos de todo el país.

Pero si caminamos de la mano de la naturaleza, la leche llegará a tiempo, sea que el bebé nazca de parto natural o por cesárea, aunque sea prematuro. Llegará la leche a tiempo, porque el cuerpo de una madre se prepara para la lactancia desde el embarazo, mucho antes incluso de que tu bebé esté listo para nacer.

Si al esperar a tu bebé la sombra de una duda ha pasado sobre ti y te ha hecho cuestionar tu capacidad para amamantar, disípala, sobre tu cabeza hay un cielo despejado. Veamos cómo se prepara tu cuerpo para la lactancia.

Desde el segundo mes de embarazo empieza la preparación. Sentirás mayor sensibilidad en los pezones y notarás que tus mamas se ven más llenas. La areola, que es el círculo oscuro que está detrás del pezón, estará más grande. Y es que las hormonas han empezado a trabajar. Tienen nombres curiosos, sonoros, que evocan funciones específicas, y sí, esas hormonas saben exactamente lo que tienen que hacer y lo hacen. Son la prolactina, los estrógenos, la progesterona y la hormona de crecimiento. Ellas saben trabajar en equipo desarrollando las células que se encargan de producir la leche y también los conductos para transportarla a la boquita del bebé que está ya bien vivo en tu vientre, esperando el momento de ver la luz.

Las glándulas mamarias cambian en respuesta a la acción de este equipo coordinado de hormonas, sustituyendo la grasa habitual por un tejido glandular, especializado en producir la leche. Por eso las mamas aumentan de tamaño durante el embarazo y la lactancia.

Esta maravilla de la evolución estará lista para alimentar a tu bebé para finales del segundo trimestre del embarazo. Tú no tendrás que hacer nada. Como ves, no hay nubes en el horizonte. La evolución ha hecho todo por ti. Ya nada más falta que nazca el bebé, quien, por cierto, al momento de nacer sabe exactamente qué tiene que hacer. El problema es que no siempre se lo permitimos.

¿Recuerdan lo de "piel con piel"? Ahora sabemos, más allá de toda duda, que esta práctica favorece la lactancia materna.

La cesárea no es un impedimento, pues la herida está más abajo. Si el bebé está en buenas condiciones, lo que ocurre en la inmensa mayoría de los casos, deberá ser colocado sobre tu vientre para que reptando encuentre el pezón, y lo hará. Llegará. Apenas la boquita del pequeño toque el pezón, le enviará una señal a tu cerebro por vía nerviosa, liberando otra hormona del equipo, una que se llama oxitocina y también sabe muy bien qué hacer: hará que unas células muy especiales, diminutas, que están en la glándula mamaria se contraigan, exprimiendo la leche a través de los conductos que para eso están. La leche bajará.

Al principio será el calostro, del que seguramente has oído hablar. Es una súper leche que, aunque parezca que es muy poca, tiene todo lo que necesita tu bebé para empezar la aventura de la vida.

Cualquier mamá que camine de la mano de la naturaleza y que siga sus instintos puede tener una lactancia materna exitosa. Ya nada más falta que el personal de los hospitales, los sanitarios a cargo y los sistemas de salud se pongan las pilas, que la naturaleza ya ha hecho su trabajo y desde hace millones de años. Va siendo hora de que sigamos el camino que nos tiene señalado.

No obstante, algunas mamás sí tienen poca leche. Esta condición se conoce como hipogalactia y es provocada por varias causas. Algunas veces es temporal pero otras es permanente. Que una madre tenga hipogalactia no necesariamente significa que no pueda amamantar. Con la asesoría adecuada y con el soporte de sucedáneos de leche materna se puede conseguir una lactancia mixta exitosa. Alrededor de 5% de las mamás presentan esta condición.

En conclusión: para iniciar la lactancia ten confianza en ti misma. Recuerda que tu cuerpo tiene el soporte de la evolución y que está preparado. Sigue tu instinto, aplica la práctica de piel con piel, recuerda que la lactancia materna es a libre demanda. Asesórate para conseguir un buen agarre. Si bien es cierto que tu instinto te guiará en el proceso, conseguir un buen agarre no siempre es fácil sin asesoría. Una asesora de lactancia experimentada puede hacer la diferencia.

¿Y SI SE PONE AMARILLITO?

Se pondrá, muy probablemente. Para que te des cuenta de si tu bebé se ha puesto amarillo, es muy importante observarlo con luz blanca, de preferencia con luz natural. Toma en cuenta que en los niños de piel morena será más difícil de detectar.

Este tono amarillento de la piel se conoce con el nombre de ictericia, y es provocado por un pigmento que se llama bilirrubina. Todos tenemos bilirrubina. Esta viene de los glóbulos rojos de la sangre, que son los encargados de transportar el oxígeno a todo el cuerpo. Al desintegrarse de manera natural, los glóbulos rojos (eritrocitos) liberan la bilirrubina en la sangre y el hígado la elimina. Antes de nacer, el hígado de mamá se ocupa del asunto, pero una vez que nace el bebito ya no cuenta con esa ayuda. El hígado de algunos bebés todavía no está preparado del todo para esta limpieza, de manera que la cantidad de bilirrubina se eleva, causando ese color característico.

Puede verse en la piel y también en la esclerótica, que es la parte blanca de los ojos. También si observas dentro de la boquita del niño verás que sus encías y su paladar pueden tener ese color amarillo.

Un 60% de los recién nacidos se ponen amarillos durante los primeros días de vida. La mayoría de las veces ese tono amarillento de la piel no tendrá ninguna consecuencia e irá desapareciendo con el paso de los días, sin que sea necesario hacer nada al respecto.

Es posible que alguien por ahí te diga, sea el personal de salud o, ya sabes, tu tía Gertrudis, que si el bebé se puso amarillo es necesario suspender el pecho. No es cierto. La ictericia, que es el tono amarillento de la piel, no contraindica la lactancia materna. Si bien es cierto que los niños amamantados tardan más en eliminar esa bilirrubina, no por eso se suspende la lactancia, sino al contrario, se busca asegurarse de que el aporte de leche materna sea el adecuado, revisando el agarre y la técnica de lactancia. En pocos casos pudiera ser conveniente suplementar con fórmula, pero suspender la leche materna, nunca.

Es normal que la ictericia dure hasta un mes o más en los niños amamantados. En los niños que toman fórmula suele desaparecer a las dos semanas de vida.

Idealmente, todos los bebés deberían de tener una medición de bilirrubinas en sangre antes de salir del hospital, pero en los países de América Latina esto no es una práctica común. Muchos niños son dados de alta antes de las primeras 24 horas de haber nacido sin una medición de su bilirrubina. No es lo ideal, pero así es.

En algunos casos la ictericia puede ser muy peligrosa, por eso debes de saber cuándo consultar, y no perder tiempo:

A cualquier niño que presente ictericia durante sus primeras 24 horas de vida debe medírsele el nivel de bilirrubina inmediatamente. Aunque el tono ictérico apenas sea perceptible. Si el niño es dado de alta antes de las primeras 48 horas de vida es importante que a los dos días de nacido sea valorado por el médico, de preferencia el pediatra. Esto tampoco es una práctica común en Latinoamérica, así que es importante que los papás estén atentos al color de la piel de su bebé y no olviden observar el blanco de los ojos.

Los siguientes son factores de riesgo a tomarse muy en cuenta:

- Si el niño es prematuro.
- Como ya dijimos, si la ictericia aparece durante las primeras 24 horas de vida.
- Si la lactancia materna no está funcionando bien o si por cualquier cosa el niño no se alimenta bien.

- Si el bebé tiene moretones en la cabeza, debajo del cuero cabelludo. Esto es común por el trabajo de parto.
- Si hay antecedentes de que los hermanos o los papás tuvieron ictericia y necesitaron tratamiento con fototerapia.

¿Y qué es la fototerapia?

Foto significa "luz", y *terapia* "tratamiento". De modo que ya adivinaste: la fototerapia es el tratamiento con luz. Resulta que la luz es capaz de transformar la bilirrubina que está en piel del bebé y acelera su eliminación. Es como una ayudadita, o "ayudadota" al hígado. La gran mayoría de los bebés con problemas de ictericia salen adelante con la fototerapia. En los hospitales tienen unas lámparas especiales para eso, y de verdad funcionan muy bien. En pocas horas o de un día para otro se corrige el problema, aunque a veces hay que dar seguimiento.

Tradicionalmente se han recomendado los baños de sol para la ictericia, pero no es una forma segura de solucionar el problema, pues la exposición a los rayos del sol, que de eso se trata, es irregular y no hay manera de medirla. Puede ser de más, causando daño, o de menos, resultando insuficiente.

Hay casos más severos en los que ni la fototerapia alcanza. Algunos niños, por incompatibilidad entre su propia sangre y la de su mamá, pueden sufrir una destrucción muy acelerada de sus glóbulos rojos, elevándose los niveles de bilirrubina a un grado tal que pueden entrar al cerebro y provocar una afección muy grave que se llama kernícterus. Esto puede llevar al niño a un daño permanente o hasta la muerte.

En estos casos, el tratamiento consiste en un tipo de transfusión especial, cambiando la sangre del bebé para bajar los niveles de bilirrubina.

Ningún niño, jamás, debería llegar al kernícterus, pues es cien por ciento prevenible.

La observación paterna y la consulta oportuna son la diferencia.

Cuando nazca ese bebito que esperas con tanta ilusión ya sabrás qué hacer y cómo actuar.

Flatulencias, ruiditos al comer y al respirar y el "gruñido" de las tripas

Los bebés son seres vivos. Y más aún, pertenecen al reino animal, no al vegetal, esta obviedad viene al caso porque muchos primerizos se imaginan que los bebés son silenciosos, al menos cuando duermen, y no, no necesariamente. El vocablo *animal* proviene del latín *ánima*. Significa que está vivo y que tiene movimiento. Por dentro y por fuera.

Así como mueve sus manitas y sus piernas, así como gira su cabeza y su boca, movimientos que tú percibes, también por dentro hay una gran actividad. El aire que respira entra y sale todo el tiempo y es humedecido, filtrado y preparado por su aparato respiratorio, que ya funciona muy bien, pues tu bebé respira por sí mismo. Por eso hace ruiditos al respirar. Ruiditos que son una causa frecuente de consulta y que no son otra cosa que el aire que entra y sale por las vías respiratorias del bebé, haciendo sonar los moquitos normales de la nariz y las flemitas que de manera natural recubren sus vías respiratorias.

Piensa en que los bebés no tienen convencionalismos sociales ni les importa el "qué dirán". Por eso no tienen empacho en soltar sus flatulencias delante de cualquiera. El intestino del bebé funciona, tiene entrada y salida. De modo que hace ruiditos al deglutir la leche. Escucharás el sonido de sus intestinos: "Es que se le escuchan las tripitas", me dicen mis pacientes con preocupación. Claro, es el ruido de líquidos y gases moviéndose ahí dentro en el proceso digestivo. Es normal.

¿Y el escape? Ese es aún más ruidoso, como lo comprobarás muy pronto. Que funcione bien ese escape, con sus flatulencias ruidosas, es bueno y normal.

"Pero apestan, doctor", me dirás. Sí, efectivamente. El intestino de tu bebé se está poblando rápidamente con microbios buenos; es la microbiota de sus intestinos. Esos bichos son indispensables para la vida. Pero producen gases fétidos, ni modo. Que tu bebé se tire flatulencias ruidosas y olorosas está perfectamente bien.

MANCHAS, MARCAS Y SEÑALES DEL BEBÉ RECIÉN NACIDO

Los bebés no son de porcelana. No son muñequitos de aparador. Es posible que la imaginación de mamá haya concebido a un bebito rosado y precioso, chapeado y con su piel tersa, lisa, sin una mácula. Bien, pues en general no es así. La piel de los bebés suele venir con muchos "detallitos", que si bien no tienen importancia, sí importa que tú los conozcas, primero, para que no te asustes, y segundo, para que no te desilusiones, que todo tiene remedio.

Empecemos por el vello: te imaginaste a tu bebé lampiño, con su cabellito nada más en la cabeza, y resulta que te entregaron un bebé cubierto de vello por todos lados, hasta en las orejas. Calma, es el "lanugo". Ese vellito fino que cubre la piel de tu bebé, efectivamente, también en las orejas, es normal y se caerá en pocos días. Ahora, que si tu bebé nace sin ese lanugo, también tranquila, es normal. La normalidad es muy amplia.

Muchos niños en América Latina nacen con una o varias manchas oscuras, que pueden ser de color azulado, cafés, grises o hasta negras. Suelen verse en la espalda, en las nalgas, en la parte posterior de los muslos e incluso en las muñecas y los tobillos. El nombre de estas manchas es "melanocitis dérmica" y no te lo tienes que aprender, esa es chamba del médico. Son las mismas que desde siempre hemos conocido como manchas mongólicas, y son inofensivas. Se borran solas en los primeros años de vida del bebé.

¿Y por qué "mongólicas"?

Mongolia es un país asiático, ¿no es así?

Los primeros pobladores de América (América abarca desde Alaska hasta la Patagonia, y no son solo los Estados Unidos) llegaron al continente desde Asia, y muchos de los que somos sus descendientes americanos (americanos somos todos los habitantes de América, y no solo los estadounidenses) portamos esta marca al nacer. Es una característica de los asiáticos que compartimos 46% de los habitantes de América Latina. También los africanos y sus descendientes la tienen.

De modo que si cuando nazca tu bebé le ves algo que parece un moretón en las nalgas, no es la nalgada del doctor. Por cierto, eso de darle nalgadas al recién nacido no se usa desde hace mucho, mucho tiempo.

Cuando tu bebé venía de París, volando feliz sobre el océano Atlántico en el pico de la cigüeña, el pájaro bribón le propinó algunos picotazos en la nuca. Por eso a las manchitas rojas que con gran probabilidad encontrarás en la nuca de tu bebé la gente de antes le decía "la picadura de la cigüeña" o "marca de la cigüeña".

Bueno, hoy sabemos a ciencia cierta que los bebés no vienen de París ni tampoco nacen de un repollo. Esas eran cosas de antes, era la forma que tenían tus bisabuelos y tus tatarabuelos para explicarles a los niños la llegada de un nuevo hermanito, sin tener que meterse en honduras por aquello del embarazo y etcétera. Por suerte, esos tiempos ya pasaron.

El punto es que esas manchitas rojas o rosadas que encontrarás en la nuca del bebé en realidad son "nevos simples". Consisten en la acumulación de vasos sanguíneos muy pequeñitos, los llamados vasos capilares. Si aparecen en la frente, por encima de la nariz, entonces es el "beso del ángel". También las conocemos como "mancha salmón", por el color rosado muy parecido al de ese pez. Los nevos simples son planos, no tienen volumen ni se palpan al tacto. Desaparecen solos entre el primer y el tercer año de vida.

Cuando el bebé llora o se emociona, esas manchitas se tornan más intensas. Es normal.

Algunos niños nacen con unas marcas rojas en la piel, de color más intenso que los "nevos simples". Estas sí pueden tener volumen. Se asemejan a una fresa madura o a una frambuesa. Pueden aparecer en cualquier parte del cuerpo y aunque causan alarma en los papás son inofensivas. Son los "hemangiomas infantiles". Aparecen en cinco de cada 100 niños, de modo que no son nada raros.

Los hemangiomas están formados de vasos sanguíneos adicionales, son como una madeja de vasos sanguíneos que están de más. Suelen desaparecer solos, son benignos, pero en ocasiones dan problemas, sobre todo si son demasiado grandes o están en algún lugar problemático, como cerca de los ojos, en la boca o en las manos, en ese caso es conveniente tratarlos con medicamento. Tu pediatra te dirá qué hacer.

Tres de cada mil niños nacen con las "manchas en vino de Oporto". Son manchas rojas, del color del vino tinto, o más oscuras. Como los nevos simples, son lisas, pero más extensas. Estas no se quitan solas y duran toda la vida. De hecho van creciendo junto con el niño. Pueden cambiar de color con el tiempo, por la exposición a la luz. Las manchas en vino de Oporto no se relacionan con enfermedades y por lo general no dan problemas.

La piel del bebé es delicada. Al salir al mundo se expone al aire, al polvo, al sudor, a los roces provocados por las manos del personal de salud y de sus padres y no es raro observar irritaciones o enrojecimientos.

Cuando nazca, observa bien la piel de tu bebé y pregunta. Pregunta a tu pediatra por cualquier marquita, manchita, cambio de coloración o lo que sea. En el recién nacido nada es obvio.

Es importante diferenciar entre las rozaduras e irritaciones y las manchas o marcas de nacimiento.

Si hay algo en la piel de tu bebé que requiera atención especial, tu pediatra te dirá qué hacer, pero recuerda: los bebés no son de porcelana.

Vacunas del recién nacido

Siguiendo con el "Manual de instrucciones del recién nacido", aquí hablaré de las vacunas que deben aplicarse al nacer. Ya más adelante veremos ampliamente las demás vacunas.

El esquema de vacunación de México y de la mayoría de los países en América Latina contempla dos vacunas para los recién nacidos, la de la tuberculosis, que conocemos como BCG (bacilo de Calmette-Guérin), y la vacuna contra la hepatitis B.

Empecemos con la BCG. Protege contra la tuberculosis, que es una enfermedad infecciosa causada por un microbio que se llama bacilo de Koch, en honor al científico alemán que lo identificó, hace ya 141 años, casi un siglo y medio, para que vean desde cuándo los científicos se desvelan por nosotros. En la Antigüedad, esta temible enfermedad causó estragos en el mundo entero. Sin vacuna y sin posibilidad de ser tratada, pues no existían los antibióticos, enfermarse de tuberculosis era la sentencia de una muerte lenta y dolorosa, ya que sin tratamiento el bacilo va destruyendo los pulmones. El enfermo tose y escupe sangre mientras su capacidad de respirar se reduce cada vez más, hasta la muerte. También puede atacar otras partes del cuerpo, como los riñones, el cerebro y la columna vertebral.

Fueron muchas las grandes figuras del pasado que aniquiló esta terrible enfermedad. Para mí, la más trágica es quizá la muerte de Federico Chopin, quien no llegó a los 40 años. A los 39 lo mató la tuberculosis, pero le dio tiempo de crear cualquier cantidad de las más sublimes composiciones para piano que hoy, al escucharlas, nos erizan la piel y nos hacen sentir que la vida es hermosa. Así es Chopin.

En México se reportan más de 28 mil casos de tuberculosis al año, así que no hay duda, la tuberculosis no es rara y sigue destrozando vidas. A diferencia de los tiempos de Chopin, hay tratamiento, aunque no es sencillo. Incluye varios fármacos, llamados "antifímicos" y no es cosa de tomarse unas pastillas y ya o de ponerse una inyección. El esquema es largo, caro y difícil, y por desgracia últimamente se han estado reportando casos en los que el bacilo es resistente a los medicamentos.

Por eso es tan importante aplicar la vacuna tan pronto sea posible, de preferencia desde el nacimiento.

La vacuna no da una protección total, pero sí protege muy bien contra las formas graves de la enfermedad.

La BCG es muy segura. Se aplica en el hombro derecho y uno o dos meses después aparece un nódulo (una bolita) en el sitio de la aplicación que a veces se ulcera y escurre un líquido amarillento parecido al pus, pero no es pus. Se le conoce como "material caseoso". En raras ocasiones, después de la vacuna puede haber inflamación de los ganglios de la axila del mismo lado en el que se aplicó.

Aunque desagradables a la vista, estas reacciones no son peligrosas ni dolorosas, no requieren tratamiento y se curan solas en poco tiempo, basta con lavar con agua y jabón.

La vacuna contra la hepatitis B es la otra que debe aplicarse al nacimiento. Esta hepatitis es una enfermedad causada por un virus que infecta al hígado. Se adquiere por agujas contaminadas, transfusiones de sangre o por relaciones sexuales. El bebé recién nacido puede adquirirla de su madre, si esta la padece o en casos raros por transfusiones de sangre, aunque es difícil dado el control que hay actualmente para estos procedimientos en todo el mundo, sin embargo, ha habido casos. El 90% de los recién nacidos que la adquieren desarrollan una infección crónica y pueden ser portadores de la enfermedad. La hepatitis B puede dañar el hígado severamente, causando bajo peso, cirrosis, acumulación de líquidos y hemorragias, entre otras cosas. Por eso es tan importante aplicarla lo antes posible.

Qué vitaminas y suplementos necesita el recién nacido

Al nacer tu bebé y antes de salir de sala de partos o el quirófano, se aplicará la vitamina K. Esta rutina es para evitar cualquier tipo de hemorragia en el bebé. Además de la vitamina K, la única vitamina que un bebé necesita es la vitamina D, que te recetará el pediatra al dar de alta a tu bebé o ya después, en su primera consulta.

Con respecto al hierro, solo en casos particulares en los que por razones inherentes a la madre o por problemas durante el nacimiento el pediatra considere conveniente dar este mineral como suplemento durante un tiempo.

El bebé recién nacido sano no necesita ninguna vitamina ni suplemento más allá de los comentados. Tanto si toma leche materna, fórmula o las dos cosas.

Algunas reflexiones acerca de la alimentación infantil

Me acuerdo de mi paso por la escuela primaria. Corrían los años setenta y los niños corríamos también, todo el tiempo. Jugábamos al futbol, al bote pateado (alguna vez les platicaré qué es eso), jugábamos espadazos con varas de pinabete, perseguíamos lagartijas, jugábamos beisbol, jugábamos futbol, trepábamos a los árboles, nadábamos en la alberca, íbamos al cerro, andábamos en bicicleta, jugábamos futbol (creo que ya lo dije, ¿no?), y siempre íbamos de arriba para abajo principalmente en las vacaciones que eran larguísimas. Además, había tres periodos al año más los sábados y los domingos, completitos para nosotros. Salíamos de casa a las siete de la mañana para, por ejemplo, ir de cacería en temporada de chapulines (pobres bichos) y regresábamos a casa a las 10 de la noche, habiendo comido en donde sea. Cualquier mamá nos daba de comer sin averiguar si teníamos hambre o si éramos alérgicos a no sé qué. Y nos hacía comer como a sus hijos, sin preguntarle a nadie. Eran acuerdos tácitos entre las matronas de aquellos años.

Y en la escuela, ¿qué creen? Jugábamos futbol todos los días. En la clase de educación física el maestro no se complicaba mucho la cátedra: nos ponía a jugar futbol. De modo que ese día jugábamos futbol al menos dos veces al día, si no es que tres, porque estaba pendiente la cascarita después de la escuela.

Entre paréntesis, estos recuerdos me hacen pensar en cómo es posible que México no tenga mejores resultados en futbol, pero esa es harina de otro costal.

Verdaderamente en aquellos años los niños tenían mucha más actividad física que los niños de hoy.

En aquellos años setenta no había niños gordos. Ya sé que hoy no vale hablar así y me dirán que decir "gordo" es ofensivo, estigmatiza y lesiona la autoestima del niño, que puede resultar dañada para el resto de su vida. Así que, corrijo: no había niños obesos. ¿Cómo? ¿Obeso también ofende? ¡Pero si hasta es un apellido! Okey, para no ofender a nadie, diré que no había "niños atípicos cuyos percentiles para peso estuvieran por encima de los promedios normales y cuyos índices de masa corporal sobrepasaran el percentil 95".

El problema es que me resulta muy largo y complicado decir y escribir todo eso para referirme a quien está gordo, de modo que, a riesgo de ser crucificado, pondré los puntos sobre las íes y le diré al gordo, gordo; al flaco, flaco, y así, pues los adjetivos calificativos no ofenden si encajan. Pero me desvío...

Quiero ser justo. Los niños de antaño jugábamos futbol todo el día (creo que ya lo dije). Y si no futbol, al menos andábamos de vagos; hoy no pueden hacer eso. La inseguridad en que vivimos y la forma en que les exigimos que vivan su niñez no ayuda. Al menos en mi país, los niños tienen muchísima, pero muchísima menos actividad física de la que necesitan, y de eso no podemos culparlos a ellos. Tampoco podemos culparlos de lo mal que comen.

Me dirás que no tiene caso aclarar algo tan claro, los niños son inocentes, ¿no? Es obvio que todos entendemos que si comen mal es por culpa de los adultos. Pues no. No es tan obvio. En mi consulta, cuando les digo a los papás de mis pacientes que ya no los dejen atiborrarse de comida chatarra, me contestan: "¡Qué quiere que haga, doctor!". "¡Es lo único que quiere comer!". "¡Es que si no come galletas no come nada!". "¡No le gusta el agua sola, doctor!". "¡Quiere puros jugos de cajita!".

Verdaderamente puedo afirmar que los papás de mi país sí culpan a sus hijos de lo mal que comen. No se sienten los responsables de rellenar a sus hijos de comida basura. ¡Me consta!

"¡Qué quiere que haga, doctor, si al niño solo le gusta comer hamburguesas!".

Cuando yo era niño, en el salón de clases no había gordos. O si acaso alguno, al que desde luego le decíamos "El Gordo" y no lo era tanto como los de ahora.

¿Cuántos niños gordos hay en el salón de clases de tus hijos?

Esperen, que pondré el dato más adelante, no es una pregunta retórica. Hay estadísticas.

Los niños de hoy no solamente tienen el problema de que no se mueven (y no ayuda el tener en las manos un celular todo el día), sabemos que además comen muy mal. Al menos en México. La mala experiencia de mi país podría ser útil para todos, por aquello de: "Al ver las barbas de tu vecino rasurar, pon las tuyas a remojar". Va:

> … México puede ser considerado como un país mayormente mal nutrido, ocupa el primer lugar en obesidad infantil. Las dietas deficientes provocan malnutrición en la primera infancia, el 44% de los niños de 6 a 23 meses de edad no consume frutas ni verduras y el 59% no consume huevos, leche, pescado ni carne y únicamente 2 de cada 10 niños a nivel escolar (de 5 a 11 años) consume verduras y leguminosas; la Encuesta Nacional de Salud y Nutrición - Contínua 2021 revela que en nuestro país la prevalencia de:
>
> - **Sobrepeso** es en menores de 9 años con el 23% y en la adolescencia el 24.7% a nivel nacional.
> - **Obesidad** es en menores de 10 años con el 25% y en adolescentes el 18% a nivel nacional.

Este texto lo extraje textualmente del blog de Salud del gobierno de México, cuya liga es https://www.gob.mx/promosalud/es/articulos/obesidad-infantil-nuestra-nueva-pandemia?idiom=es.

Es decir, en 1975, según datos extraídos de mi memoria y por lo tanto no hay referencia bibliográfica, en un salón de clases de la escuela primaria, de 30 niños había un gordito.

Hoy: con los mismos 30 niños hay casi siete gordos. Los siete con un sobrepeso mayor que el gordito de aquellos años.

Algo estamos haciendo mal.

En este libro no hablaré de calorías por porción ni del balance de los alimentos. Hay muchos manuales, libros, folletos, información atinada y actualizada al respecto. Lo que quiero aportar en primer lugar es un modo de pensar y de actuar, y en segundo, lanzar una advertencia:

Primero la advertencia.

Hay nutriólogos y profesionales de la salud que quieren normalizar la obesidad. Ante tanto fracaso para conseguir que niños y adultos tengamos un peso saludable, estos nutriólogos se han ido por otra vertiente: nos están tratando de convencer de que estar gordo está bien. Hablan de una sociedad "gordofóbica" (inventaron el término) y dicen que no hay alimentos malos.

Dicen que estar gordo está bien, que lo que pasa es que existe discriminación de parte de los médicos en contra de quienes tienen tallas grandes. Gordofobia.

Ten cuidado, porque es mentira. Estar gordo y tener sobrepeso no es saludable y sí hay alimentos malos. Los médicos sensatos combaten la obesidad por cuestiones de salud, no por cuestiones sociales ni de estética.

La obesidad es algo contra lo que se tiene luchar toda la vida, porque si nos dejamos, el daño se reflejará más tarde o más temprano en nuestro esqueleto, en nuestras arterias, en el corazón, en el páncreas, en los riñones y hasta en el alma. La obesidad no es buena ni es sana. Es una enfermedad que se debe combatir desde el principio.

En lo que sí tienen razón estos nutriólogos que dicen que está bien estar gordo y que no hay alimentos malos, es en que es condenadamente difícil combatir la obesidad, y en que el índice de fracaso es altísimo, pero… no siempre ha sido así.

¿No les decía hace un rato cómo eran las cosas cuando yo era niño?

Si por arte de magia regresáramos a los hábitos alimenticios y de actividad física que teníamos en los años setenta del siglo pasado, regresaríamos a aquel salón de clases de 30 alumnos con 29 niños flacos y un gordito, y no siete. No lo dudes.

Lo malo es que no podemos regresar a los hábitos de los años setenta…

¿En verdad no podemos?

Aquí entra mi aportación. En mi práctica profesional está dando resultados y no soy nutriólogo ni les digo a mis pacientes qué deben comer o qué no. Eso, como ya lo dije, se lo dejo a los nutriólogos. Desde luego a aquellos que no traen la moda de la "gordofobia".

Con mucha más frecuencia de la que me gustaría llegan a mi consulta niños con obesidades mórbidas. Alarmantes. Pesan el doble de lo que deberían o más. Se mueven con dificultad, no pueden correr ni jugar con otros niños, están hipertensos desde los ocho o nueve años, presentan "acantosis nigricans", que consiste en marcas oscuras y aterciopeladas en los pliegues y dobleces de la piel. Se confunde con mugre y no, no es falta de baño. Es un presagio de diabetes y de otras enfermedades crónico degenerativas, ¡en niños de primaria!

Los papás de estos pacientes suelen decirme que han intentado resolver el problema hasta con un nutriólogo, pero a Tomasito, que así le pondremos al paciente hipotético, solamente le gustan las galletas, las pizzas y cosas así. "¿Qué quiere que hagamos, doctor?", me dicen.

Los padres de estos Tomasitos vienen también con su propia obesidad, con diabetes en edades tempranas y con muchos problemas de salud. Es el mal de México.

Para mí, es una tragedia. Algo tenemos que hacer.

No puedo decirles que está bien, que lo que pasa es que hay una sociedad "gordofóbica", como aquellos nutriólogos de moda. Sería criminal.

Lo que hago es proponerles un plan de naufragio, veamos:

Imaginen, les digo, que ustedes, la familia completa, salen en un viaje por mar y el barco naufraga en una isla perdida en la inmensidad. No hay nada: no hay Oxxos, no hay supermercados, no hay tienditas en las esquinas, es más, no hay esquinas. Todo es selva, bosque, ríos. No habrá galletas, hamburguesas ni cajitas felices, no hay nuggets de pollo que lo más seguro es que no sean de pollo, ni pizzas, ni jugos de cajita, ni refrescos, ni papitas, tampoco Cheetos, yogurts con azúcar, ni lechitas fermentadas, no hay pastelitos, tampoco palomitas acarameladas ni de ninguna, no hay hot dogs de los del cine. En toda la isla no hay un miserable puesto de tacos ni quien venda elotes con mantequilla y mayonesa. Ni modo, no hay.

Pero hay otras cosas: agua natural para beber, hay verduras de todo tipo y también frutas y legumbres. No falta el pollo ni el pescado, hay carne y hay huevo. Hay leche, pero las vacas de la isla la dan descremada, quién sabe por qué. Hay yogurt, pero viene sin azúcar, porque en la isla no hay azúcar libre.

Hay avena y otros cereales, pero así sin procesar, nada de jarabe de alta fructosa ni maltodextrina.

Para ir a comer lo que la isla ofrece es necesario caminar unos 35 minutos todos los días.

Es una tragedia para Tomasito y sus papás, porque honestamente, nada de lo que hay en la isla les gusta. Pero es lo que hay, ni modo.

A propósito: está demostrado que si a un niño (y supongo que a cualquier persona) lo dejamos en donde solo hay comida que no le gusta, de todos modos no se muere de hambre. Es decir, si Tomasito quiere galletas con crema de avellana, pero solo hay frutas, el niño se comerá las frutas y no morirá de inanición. El berrinche, eso sí, está asegurado. Probablemente al principio Tomasito pateará las manzanas y no comerá, pero el hambre aprieta... después de cierto tiempo, Tomasito comerá lo que la isla ofrece. De mala gana primero, luego le va a encantar. Porque la comida saludable resulta ser deliciosa cuando nos acostumbramos a ella.

Cuando el niño exija su pizza y le den pollito con verduras se enfadará, pero mamá le hará ver que no es un castigo. Es lo que hay. Lo abrazará, lo consolará y le explicará que no hay pizza. Ni modo. No es lo mismo "no hay" que "no te doy". Se procesa mejor.

Haz de tu casa esa "isla desierta", el lugar en el que la única opción sean los alimentos saludables. No es fácil e implica el compromiso de toda la familia, pero... cuando tenemos niños con obesidad, puede ser la única forma de resolver el problema.

Es indispensable que en la isla naufrague toda la familia. Toda.

Si a Tomasito le das el pollito con verdura y tú comes pizza frente a él, olvídalo. No funciona así.

En México tenemos un problema gravísimo de obesidad. Es el problema de salud más grande que padecemos y es la causa principal de las enfermedades crónico degenerativas que nos aquejan. No podemos bajar los brazos.

Es cierto que el enfoque de poner a un niño a dieta no funciona, pero cambiar los hábitos de toda la familia, sí. Esto tiene que hacerse desde las compras de los víveres para toda la familia.

Si tienes un niño obeso que no has podido mejorar, mi propuesta es que te vayas a vivir con él a esa isla desierta de alimentos y vida saludable. Solo así lo lograrás. Y si no tienes niños con problemas de obesidad, también.

Alimentación complementaria

Vaya que si hay un tema que ha generado controversia en redes sociales es este. De pronto hubo una explosión de "expertos" en el tema, las páginas del Face se llenaron de consejos de qué hacer y qué no hacer, y hasta los chefs metieron la cuchara con recetas especiales para bebos de seis meses, gourmets expertos en hacer batidero.

Las mamás están confundidas. Por un lado la abuela, que dice: "Yo sé lo que te digo, dale Gerber", por el otro la avalancha de información contradictoria en redes sociales y tribus de internet, y por último, el bebé que suele estar o más gordo o más flaco que otros con los que mamá lo compara porque… siempre es así. Por fortuna no es tan difícil y la información confiable fluye paralelamente a todo lo demás, solo hay que saberla encontrar. Por eso los criterios que aquí les presento están tomados del Consenso de alimentación complementaria de la Sociedad Latinoamericana de Gastroenterología, Hepatología y Nutrición Pediátrica 2023, porque en esto no podemos inventar.

De llevar una buena alimentación complementaria o no puede depender la salud de toda la vida, así de serio es el tema. Sí, es muy serio, pero también es muy fácil. Es cosa de algunos lineamientos generales, un poco de lógica y algo de sentido común. Durante milenios o millones de años las mamás dieron la alimentación complementaria a sus bebés sin imaginarse siquiera que llegaría un día en que se iba a llamar así: alimentación complementaria, y que iba a tener reglas. Y las reglas están bien, porque ciertamente hay cosas que no deben hacerse, cosas que sí deben hacerse, alimentos que no deben de darse y otros que son indispensables. Cosas que no podemos dejarle al azar y al puro instinto, aunque este último siempre ayuda.

Empecemos por la definición: Alimentación complementaria (AC) es la alimentación de los lactantes que complementa a la lactancia materna, o en su defecto, a la lactancia con sucedáneos de leche materna.

En esta definición se infiere que el principal alimento del bebé a esta edad sigue siendo la leche y seguirá siéndolo hasta el año de edad. Es decir, las papillas, purés o trozos enteros (luego veremos este asunto de las texturas, en el que hay mucho fanatismo) son un complemento. Complemento indispensable, pero complemento al fin. El acto de empezar a comer sólidos es, lógicamente, un proceso de aprendizaje. Sabemos por nuestros amigos los psicólogos que el aprendizaje y la frustración no se llevan nada bien. Toma en cuenta que tu bodoque estará expuesto a un montón de estímulos que pueden resultar muy divertidos: aromas, colores, texturas, formas, sonidos (el plato y la cuchara hacen ruidos graciosos al golpearse o al arrojarse al suelo), y desde luego, habrá sabores nuevos también. Iniciar la AC es un poco como invitar al bebé a divertirse. Pero si tú te lo tomas muy en serio y lo fuerzas a comer, no lo dejas jugar, ni que se embarre todo porque lo acabas de bañar, si le limpias la boca todo el tiempo y no le permites arrojar algunos pedazos de sandía contra la pared, entonces generarás frustración. No es buena idea.

Por lo tanto, con la alimentación complementaria sí se juega. A esta edad, con la comida sí se juega, que ya habrá tiempo después para enseñar buenos modales. Pero no a los seis meses.

¿Y a qué edad iniciar?

Ya lo dije, a los seis meses. Aunque no siempre y no a fuerza. Alguna vez puse en mi página de Facebook que la alimentación complementaria puede iniciarse antes, a criterio del pediatra, y las hordas de mamás furibundas que quién sabe cómo se hicieron expertas en el tema se me fueron a la yugular. “Pediasaurio” fue el más tierno de los calificativos. Bueno, pues resulta que sí se puede iniciar antes en algunos casos. En la declaración número 5 del Consenso dice que puede iniciarse desde los cuatro meses en aquellos niños que son alimentados con fórmula o en los que tienen lactancia mixta, es decir, leche materna y fórmula. Cada caso debe individualizarse, y tú no te estreses por eso, deja que sea el pediatra, ese que conoce a tu bebé, el que tome la decisión.

En los niños alimentados con lactancia materna exclusiva el criterio sí es muy claro, debe de iniciarse a los seis meses y no adelantar. No hay prisa.

¿Y en los prematuros?
En los bebés pretérmino la AC puede iniciarse entre los cuatro y los seis meses de edad corregida, igual. Individualizando cada caso y dependiendo de si es lactancia materna exclusiva o no.

Para calcular la edad corregida tomamos en cuenta la edad cronológica del bebé y restamos el número de semanas de prematuridad. Un embarazo a término es de 40 semanas de gestación.

¿Y qué les vamos a dar de comer?
Ah, pues de todo… una vez que iniciamos vamos con todos los grupos de alimentos. Se debe empezar con al menos cinco de los ocho grupos de alimentos, y cabe aclarar que todos los grupos son importantes. *1)* Leche materna, o en su defecto, fórmula. *2)* Granos, raíces, tubérculos. *3)* Frutas y verduras ricas en vitamina A, como el camote (batata), la zanahoria y los mangos. *4)* Carnes, pescados y aves. *5)* Legumbres, nueces y semillas. *6)* Huevos. *7)* Otras

frutas y verduras. *8)* Productos lácteos. Estos a partir de los 10 meses.

Me dirás que dice la abuela que el huevo, los cítricos, los frutos rojos se deben dar después del año, ¿verdad? Bueno, pues en tiempos de tu abuela era verdad. Antes retrasábamos esos alimentos potencialmente alergénicos, pero ahora no. La medicina basada en evidencia nos ha demostrado que no es necesario ni conveniente ese retraso. El esperar tanto tiempo condiciona que el riesgo de alergias se incremente. Así que huevito, naranja, fresas y frambuesas desde el principio.

Ningún alimento deberá llevar sal ni azúcar.

¿Cómo vamos a preparar esos alimentos?

Fácil. No necesitas un chef. Quizá una licuadora, una estufa y una olla, un colador, un tenedor y creo que ya.

El método de transición de texturas, es decir, iniciar con purés colados y luego ir incrementado poco a poco la textura de los alimentos, pasando por grumos, luego trocitos pequeños y blandos que puedan aplastarse fácilmente entre el índice y el pulgar (nada que se atore) para que el bebé pueda aplastarlos con sus encías, y no, no importa que no tenga dientes. Luego, a los nueve meses, podremos darle trozos más grandes que él tome con sus manitas y se los lleve a la boca.

Probablemente si inicias la AC con este método de transición de texturas te pase lo que me pasó a mí cuando lo expliqué en alguna de mis notas de mi página de Facebook, te platico: un grupo de mamás furibundas (hay varios en redes sociales) se lanzó contra mí por obsoleto, por andar recomendando cosas del tiempo de los mamuts y de cuando las víboras andaban de pie, de nuevo "pediasaurio" fue de lo mejor que me dijeron.

Lo que pasa es que actualmente se puede iniciar la alimentación complementaria también con el método de *baby-led weaning* (BLW), que traducido al español es algo así como "alimentación dirigida por el bebé", además de otro método llamado BLISS (*Baby Led Introduction to Solids*).

Estos métodos, que están aceptados por la OMS, introducen los alimentos brincándose la transición de las texturas, ofreciéndole al bebé trozos de alimento de un tamaño y consistencia adecuados.

En relación con estos métodos te diré lo que se menciona en el Consenso de alimentación complementaria de la Sociedad Latinoamericana de Gastroenterología, Hepatología y Nutrición Pediátrica 2023:

En su declaración 17 se recomienda iniciar con purés/papillas y progresar a texturas grumosas y sólidos blandos antes de los 10 meses de edad para disminuir el riesgo de aversión a texturas.

En su declaración 18 dice: Los enfoques de introducción de texturas BLW (o destete guiado por el bebé) o BLISS (o alimentación sólida guiada por el bebé) deben ser asesorados por un profesional de la nutrición o médico pediatra capacitado. Los padres deberán tener pleno conocimiento de los riesgos que pueden conllevar.

Razonemos: en nuestra América Latina ¿qué porcentaje de la población tiene acceso a un nutriólogo pediatra experto y cuántos médicos pediatras en promedio tienen una capacitación extra en nutrición?

¿Como papá, estás consciente de que iniciar BLW o BLISS sin la asesoría de estos expertos implica riesgos innecesarios?

Toma en cuenta que estos métodos, aunque válidos y aceptados, no ofrecen ninguna ventaja sobre el método tradicional de transición de texturas.

Sé de mamás que se prepararon intensamente para el BLW o el BLISS y al final el bebé decidió comer papillas y solo papillas, rechazando los trozos y mandando a volar las horas de trabajo materno invertidas en cursos y primeros auxilios.

Otros bebés al ser enfrentados a las papillas las detestan. No se las comen y punto. Las embarran por todos lados, eso sí, pero no se las comen. Ellos quieren comer trocitos como niños grandes. Son niños que nacieron para el BLW o al revés. A lo mejor el método nació para ellos.

La moraleja es que como adultos tenemos que adaptarnos al bebé, y no al contrario.

La alimentación complementaria no tiene por qué ser difícil ni ser motivo de estrés. Es uno de los periodos más divertidos y entrañables de la crianza. Relájate, toma muchas fotos y videos, diviértete con el niño, y como sugerencia, ponte a comer lo mismo que él frente a él, que el ejemplo arrastra, como en todo.

¿Cuántas veces al día le vamos a ofrecer el alimento al niño?

Tres. Desayuno, comida y merienda. El horario que tú escojas, según tu dinámica familiar y tu tiempo disponible.

Pero los bebés necesitan rutinas. Ellos deben saber qué esperar, les gusta saber qué sigue, les da seguridad. Darle siempre a la misma hora es importante, porque así se prepara psicológicamente para ese momento feliz que será la hora de comer, o de tirar todo al piso, según sea el caso, y fisiológicamente el niño prepara su estómago para recibir el alimento con la segregación de jugos gástricos.

¿Cada cuándo se debe introducir un alimento nuevo?

En la declaración 10 del Consenso de alimentación complementaria de la Sociedad Latinoamericana de Gastroenterología, Hepatología y Nutrición Pediátrica 2023 se aclara que se debe introducir un alimento nuevo cada día. Esto con el fin de que la dieta del bebé sea balanceada, que no se retrasen los alimentos con hierro, cinc y otros nutrientes.

¿Qué alimentos deben evitarse en la alimentación complementaria?

Por algún motivo que escapa a mi comprensión, tu tía Gertrudis está empeñada en darle probaditas al bebé para ver qué cara pone o nada más para llevarte la contraria. Así son las tías Gertrudis, así que cuidado, porque hay alimentos que sí son malos y algunos francamente peligrosos, menciono los principales:

- La miel de abeja. Además de que es azúcar, este producto puede estar contaminado con la toxina botulínica. Esta causa una peligrosa enfermedad que paraliza los músculos del niño y puede ser mortal.
- Sal y azúcar: toda la sal que el bebé necesita viene en la leche materna o en las fórmulas, además de en los alimentos de la alimentación complementaria.
- El azúcar libre está contraindicada hasta cumplir los dos años de edad.
- Los tés no son convenientes. De ningún tipo. No aportan nada y en algunos casos pueden dar lugar a intoxicaciones, por su contenido de cafeína y otras sustancias.
- El huevo crudo. Podemos darle huevo, es un magnífico alimento, pero cocido o revuelto, no crudo.
- Los peces longevos, como el tiburón, el atún o el marlin pueden contener mercurio, que es un metal pesado. Es debido a la contaminación de los océanos.

- Los animales silvestres, obtenidos por la cacería. Pueden contener el plomo de las balas y transmitir enfermedades.
- Galletas comerciales. Todas tienen mucha azúcar y también sal.
- Bebidas azucaradas, como refrescos y jugos, tampoco naturales.
- Alimentos que puedan provocar atragantamiento, como las uvas enteras, salchichas, palomitas de maíz, nueces o cacahuates.
- Carnes crudas o mal cocidas. Para el bebé nada de carpaccio ni términos medios. Las carnes deben ir bien cocidas.
- Flanes o gelatinas. Tienen azúcar libre.
- La leche entera no la digieren. Podemos introducir yogurt o algunos derivados de la leche a partir de los 10 meses de edad.

Hemos visto qué es la AC, a qué edad iniciarla, con qué alimentos y cómo prepararlos, cada cuándo introducir los alimentos nuevos y cuántas veces al día ofrecerlos. También qué alimentos debemos evitar.

Por último, comentemos algunos de los mitos, tradiciones o costumbres que persisten hoy, a pesar de que la ciencia ha demostrado que ya no son vigentes o que están equivocados:

- Iniciar con jugos. No es buena idea. Las frutas y las verduras deben consumirse completas. Es mala idea separar el bagazo de una fruta y dar el puro jugo. Es convertir un alimento de baja carga glucémica y saludable en una bebida azucarada.
- Iniciar primero con frutas y verduras, retrasar legumbres, carnes y huevo. Este es el error más difundido en la mayoría de las guarderías de México. Si tu bebé va a guardería, asegúrate de iniciar por tu cuenta los alimentos ricos en hierro, que son las legumbres, el huevo y las carnes.
- No ofrecer alimentos potencialmente alergénicos. Es un criterio obsoleto, ya lo mencionamos antes.
- Esperar a que salgan los dientes. Es absurdo, los dientes pueden retrasarse hasta el año o más. La AC no debe iniciarse después de los seis meses de edad cronológica o corregida.
- Esperar hasta que el niño se sienta sin apoyo. Otro absurdo. Muchos niños lo consiguen a los siete o a los ocho meses y es normal.

Lactancia materna

A lo largo de los años me he preguntado en qué momento en México nos volvimos tan hostiles contra la lactancia materna.

Las mamás que deciden amamantar a su bebé no la tienen nada fácil. Desde el primer momento en que el niño ve la luz y tiene contacto con el aire que respirará toda la vida empiezan las dificultades. La práctica de piel con piel, de la que ya hablamos atrás, pocas veces se lleva a cabo. Son pocos los pediatras o neonatólogos que la solicitan tanto a nivel privado como institucional y, por otro lado, la enorme carga de trabajo que existe en los hospitales públicos la dificulta. Si a esto le sumamos la falta de interés del personal de salud y la ignorancia de la población, el resultado es que la práctica "piel con piel" es casi inexistente. Como ya sabemos, apenas llega el bebé al cunero, está expuesto a esos biberones de sucedáneos de leche materna, ya preparados ahí, listos para usarse. Siguen siendo muchos, me consta, los pediatras que no indican el alojamiento conjunto y que no especifican que la lactancia materna debe de ser exclusiva.

Esto es solo el principio de las dificultades. En muy pocos hospitales, tanto privados como públicos, existe personal capacitado para echar a andar la tarea de amamantar, que a veces puede ser difícil. A la primera dificultad, por pequeña que sea, brincará la lata de fórmula con su bonita etiqueta y con todo un aparato de *marketing* detrás; millones de dólares invertidos para llegar lo más pronto posible al biberón del bebé. Y llega, llega vergonzosamente de la mano del mismo pediatra, quien después de haber ido gratis a Acapulco o a Cancún, o no sé a qué lugar a su congreso de pediatría, no tiene empacho en recomendar sucedáneos sean o no necesarios. Más de la mitad de los bebés mexicanos perderán su lactancia materna exclusiva antes de los seis meses de vida.

Si en los hospitales hubiera una asesora de lactancia capacitada y comprometida, que "pasara visita" a cada mamá para apoyarla en la lactancia, tendríamos estadísticas mucho mejores. "No hay presupuesto", me dirán. Puede ser, lamentablemente nadie piensa en los millones y millones de pesos que se ahorraría el Sector Salud en México si tan solo consiguiéramos la lactancia materna exclusiva hasta los seis meses de edad. Utopía, ya lo sé.

Cito a Eduardo Galeano: "La utopía está en el horizonte. Camino dos pasos, ella se aleja dos pasos y el horizonte se corre diez pasos más allá. Entonces, ¿para qué sirve la utopía? Para eso, sirve para caminar".

Caminemos, pues, en pos de la utopía y quizá salvemos algunas lactancias y, con eso, algunas vidas también. Según cálculos del Fondo de las Naciones Unidas para la Infancia (Unicef), la lactancia materna salva seis millones de vidas cada año. Es, pues, una utopía que vale la pena perseguir.

Si eres una mamá que logró salvar ese primer obstáculo en contra de la lactancia, y saliste del hospital amamantando a tu bebé, ¡muy bien!

En adelante todo debería de ser más fácil... pero los obstáculos siguen y siguen.

Enfrentarás situaciones que veo todos los días. Veremos algunas:

Tu bebé hace popó siete o hasta 10 veces al día. Son evacuaciones amarillas, líquidas, muy parecidas a la mostaza que le untas al hot dog. Como en el hospital nadie te dijo que eso era normal, te asustas y vas al médico: el doctor, que lastimosamente tampoco sabe que eso es normal, te dice que es por culpa de tu leche (o quizá sí lo sabe, pero como fue gratis a Puerto Vallarta...), te receta una fórmula, se la das al bebé y entonces el pequeño empieza a evacuar unas heces formadas, de consistencia más sólida. Así se pierden cientos, miles de lactancias diariamente.

Vas bien con tu lactancia y de pronto tu bebé que ya se mete todo a la boca, se enferma de diarrea...

Te dicen que le hagas un estudio de popó y se lo haces. Un coprológico. El resultado arroja "azúcares reductores presentes" y el doctor te dice que le quites el pecho y te da una fórmula sin lactosa. El médico debería de saber que en los niños de pecho la intolerancia a la lactosa no contraindica la leche materna. Pero no lo sabe (o se fue gratis al Congreso Nacional de Guadalajara) y tú le das su fórmula deslactosada. Otra lactancia perdida.

Estás feliz con tu lactancia y de repente te enfermas. Vas con tu doctor y te receta un antibiótico. Le dices al médico que estás dando pecho. El doctor te dice que le quites el pecho al niño. Debería de saber que la gran mayoría de los antibióticos no contraindican la lactancia (de hecho son pocos los medicamentos que la contraindican), pero tristemente no lo sabe. Tu doctor, ese otorrinolaringólogo o internista, ese médico general o lo que sea, no tiene compromiso con la lactancia materna y no se conforma con decirte que suspendas la lactancia, te dice que tu leche es pura agua y que tu bebé se va hacer mañoso (lo que sea que eso signifique). Otra vez la supina ignorancia matando lactancias.

Mamá lleva a su bebé de seis meses a consulta de control en la institución que le corresponde, de donde es derechohabiente. Entra al consultorio del pediatra con el niño pegado al pecho. El doctor la ve, hace un aspaviento con la mano, la mira como si ella fuera extraterrestre, se ríe y le dice: "¡Tu leche ya no es suficiente!", y le receta una fórmula.

Esta situación la enfrentará aproximadamente una de cada tres mamás en periodo de lactancia que acuden a una institución de salud pública en México. Y soy optimista.

Andas en el parque con tu niño de cuatro años y te sientas a darle pecho. Pasa un grupo de señoras en pants y las oyes decir: "¡Mira nada más! ¡Tamaño niñote y todavía tomando pecho!".

Te sientes incómoda y le preguntas al pediatra, quien lamentablemente es uno de esos que se fue gratis al Congreso de Pediatría de No sé Dónde. Te dice: "Pues sí… es que después de los dos años el niño ya no necesita el pecho".

Está totalmente comprobado que prolongar la lactancia más allá de los dos años representa beneficios enormes para el niño, pero el pediatra o no lo sabe o, ya sabes… tiene sus latas de fórmula en la vitrina, esas que le dejó ahí el representante de empresa que le pagó el Congreso.

Llevas a la niña al odontólogo pediatra porque tiene caries o por lo que sea. La dentista ve que le das pecho y te dice: "Quítale el pecho, porque por eso se le pican los dientes".

Es falso. Está totalmente comprobado que la lactancia materna no produce caries. Muchos odontólogos pediatras deberían actualizarse en este tema.

En resumen, me gustaría que te quedaras con esta frase: "En relación con el niño, no hay ninguna contraindicación para la lactancia materna cuando este tolera la vía oral".

Motivos de la madre los hay, pero son mucho menos frecuentes de lo que comúnmente se cree.

Si ha parecido que responsabilizo a los pediatras del fracaso de la lactancia en México, es que esa es la intención. Sí responsabilizo a los pediatras, mis queridos colegas, de los paupérrimos índices de lactancia materna en el país. Los responsabilizo por su falta de compromiso ante la importante tarea que implica el promover la lactancia, por su falta de conocimiento en el caso de que ignoren los beneficios de la leche materna y por su falta de ética al aceptar promover fórmulas a cambio de viáticos y otras dádivas, que no es ningún secreto que reciben cuando se convierten en parte de la fuerza de ventas de las empresas que fabrican los sucedáneos de leche materna.

No solo a los pediatras, sino también a los médicos de cualquier especialidad que tenga contacto con pacientes en periodo de lactancia, sean ginecólogos, internistas, otorrinolaringólogos, odontólogos o lo que sea, pues todo el sector salud debería de estar comprometido con la lactancia materna, y eso no lo digo yo, lo dice la OMS, el Unicef y el mismo gobierno de México, sin embargo en junio de 2023 el Gobierno Federal anunció la cancelación de las normas oficiales que protegen y fomentan la lactancia materna. Una iniciativa inexplicable, incomprensible.

Si trepados en la autoridad que nos otorga nuestro título y nuestra bata blanca le decimos a una mamá que apenas terminó la secundaria, condición común en nuestra

América Latina, que suspenda la lactancia, lo hará. La mayoría de las veces lo hará. Sucede todo el tiempo y es desgarrador. Casi una traición.

Resta, pues, mencionar por qué es tan importante la lactancia materna y así poner en perspectiva la gravedad que implica el que no se apoye y promocione. Los beneficios que menciono son los que publica la Academia Americana de Pediatría, que es medicina basada en evidencia:

> La leche humana es un superalimento para los bebés:
>
> La leche humana proporciona todos los nutrientes, las calorías y los líquidos necesarios para la salud del bebé. Apoya el desarrollo y el crecimiento del cerebro, y es más fácil de digerir para el pequeño. La lactancia materna continúa proporcionando los anticuerpos saludables que el bebé recibió naturalmente en el útero. Esto aumenta la inmunidad del bebé a todo, desde el resfriado común hasta afecciones más graves. De hecho, las investigaciones muestran que la lactancia materna ofrece protección contra el asma, eccema, diabetes, obesidad, leucemia, caries, infecciones de oído, diarrea persistente y mucho más. Los estudios también muestran que la lactancia materna reduce los riesgos de que su hijo contraiga el síndrome de muerte súbita del lactante (muerte de cuna), y previene también otras causas de muerte infantil, e incluso se la relaciona con un mayor coeficiente intelectual.

Dice la Academia Americana de Pediatría que la leche humana es un superalimento. Desde mi humilde opinión, me atrevo a decirte, estimada mamá que luchas por mantener tu lactancia: la leche humana es el único superalimento que existe. Si releemos todos estos beneficios, es incomprensible el cómo y el porqué no defendemos la lactancia como si en ello nos fuera la salud. ¡En ello nos va la salud!

La leche materna no pierde sus propiedades con el paso del tiempo: es decir, si tú quieres darle leche al niñote de cuatro años, ten por cierto que le estarás dando el mismo superalimento. Seguirás defendiendo a tu hijo de infecciones y estará más protegido que otros niños que no tienen ese beneficio. Comprobado. Y para ti, mamá: la lactancia disminuye el riesgo de diabetes tipo 2, cáncer de mama, de ovario, de hipertensión y de infarto. Comprobado. Así lo menciona el Comité de Nutrición y Lactancia Materna de la Asociación Española de Pediatría, y ellos tienen todo el sustento científico, así que puedes seguir dando pecho todo el tiempo que quieras más allá de los dos años. Los beneficios para tu niño y para ti son realidades de la medicina basada en evidencia.

Cuando alguien te pregunte cuánto tiempo le seguirás dando pecho, contesta: "¡Hasta la universidad!".

Destete

"No hay plazo que no se cumpla".

La lactancia materna debe tener un final. Si bien es cierto que yo les digo a mis pacientes que sigan con la lactancia "hasta la universidad", estoy seguro de que ninguna se lo toma en serio. Se los digo solo para que tengan una forma de quitarse de encima a todas esas personas metiches que critican por darle pecho al niñote.

No hay una edad para el destete. Sabemos que la leche humana se va modificando, adaptándose a las necesidades nutricionales del niño mayor y sigue fortaleciendo el sistema inmunitario del niño, así que: verdaderamente no hay ninguna prisa. Lo ideal sería dejar que el destete llegue cuando llegue, de manera natural, y esto es muy variable. Algunos niños dejan por sí mismos el pecho de manera temprana, alrededor del año de edad o antes, mientras que otros siguen pegados a los tres años de edad o hasta más tiempo.

En estos últimos, puede ser que mamá esté dispuesta a seguir amamantando por tiempo indefinido, pero puede ser que no. Puede ser que no quiera o que no pueda y cualquiera que sea la razón por la que mamá quiera iniciar el destete es válida. Debe respetarse, pero no significa que vaya a ser fácil. Si mamá decide terminar con la lactancia antes de que el niño esté dispuesto, será inevitable que el pequeño lo resienta. Para él puede ser una pérdida traumática, puede sentirse abandonado. Sabemos que al final lo superará, pero hay formas de mitigar el golpe.

Los expertos sugieren "no ofrecer, pero no negar".

Se aconseja que mamá distraiga al niño con otras cosas, precisamente a las horas en las que él está acostumbrado a tomar pecho. Ponerlo a jugar con algo, entretenerlo con alguna otra actividad, ofrecerle leche, agua o algún alimento, una fruta, por ejemplo.

Habrá momentos, como la hora de dormir, en los que el "no negar" sea necesario. Si el niño tomaba el pecho cuatro veces al día y se reduce paulatinamente a solo dos, se habrá dado un paso hacia el destete respetuoso.

Es importante tomar en cuenta que los abrazos, los besos, las caricias y los apapachos de mamá no solo deben continuar, sino incluso incrementarse, aunque de forma que no le recuerden al pequeño que es hora de mamar. Puede ser cambiando los horarios y evitando sentarse al niño en el regazo. Conseguir una "despedida gradual".

Hablar con el niño funciona. Explicar con dulzura y con paciencia que la etapa está llegando a su fin. Es sorprendente cómo lo comprenden.

Habrá casos en los que, por lo que sea, la lactancia tendrá que suspenderse de golpe y porrazo. Sin despedidas graduales. Alguna enfermedad de la madre, alguna medicación de las pocas que hay que sí contraindican la lactancia, por ejemplo. En tales casos, será inevitable que ambos, el niño y la madre, atraviesen por una etapa dolorosa y traumática. Lo único que se puede recomendar es redoblar la atención y el cariño. Eso hará más llevadera la pérdida para el pequeño y menos doloroso el sentimiento de culpa que mamá sufrirá.

El sentimiento de culpa es instintivo, de modo que mamá no podrá ignorarlo, pero sí podrá razonarlo. La mejor manera, si no la única, de enfrentar una situación así es enfocar el hecho con la luz de la razón, del cerebro, de la materia gris. ¡Vamos! Sabes bien que no es tu culpa. El tenerlo bien razonado hará que con el tiempo desaparezca por completo esa sensación de culpabilidad. Se superará al cien por ciento.

Sucedáneos de leche materna o fórmulas lácteas

¿Cuál fórmula será mejor?

¿La más cara?

Estás frente a los anaqueles de la tienda y ves que hay un montón de marcas de fórmulas para bebé (que en realidad se llaman sucedáneos de leche materna, pero diremos "fórmulas" para abreviar). Es lógico pensar que la mejor sea la más cara, ¿no?

Pues no.

Primero sepamos algunas cosas muy importantes con respecto a las fórmulas:

Hay fórmulas "normales" y fórmulas diseñadas para niños con necesidades especiales de alimentación. Es decir, para niños que tienen algún tipo de problema.

La OMS señala que los sucedáneos de leche materna no deben de ser promocionados de manera inapropiada ni utilizados como sustitutos de leche materna. La promoción de sucedáneos de leche materna está sujeta a regulaciones estrictas.

Por lo tanto, las fórmulas que son "normales", es decir, las que no están diseñadas para casos especiales, no pueden ser promocionadas, y menos aún como fórmulas de inicio. Está prohibido por ley, aunque habrá sus diferencias en cada país, al menos en México sí está prohibido.

No obstante, a las fórmulas especiales sí se permite promocionarlas en clínicas, hospitales y consultorios. Son para aquellos niños con algún problema, como intolerancia a la lactosa o alergia a la proteína de la leche de vaca.

Estas fórmulas vienen sin lactosa (el azúcar natural de la leche) o son bajas en lactosa y pueden tener las proteínas de la leche de la vaca parcial o totalmente hidrolizadas. Otras son de origen vegetal, como soya o arroz.

Todas estas fórmulas especiales tienen sus indicaciones específicas y no son para la mayoría de los bebés. Obviamente la mayoría de los niños no tienen necesidades especiales de alimentación, solo unos pocos.

Como las fórmulas "normales" no se pueden promocionar, se promocionan las especiales. El resultado es que un montón, pero deveras un montón de niños sanos que no tienen necesidades especiales de alimentación salen de los hospitales y de las salas de maternidad con su latota de leche que no necesitan para nada, porque primeramente deberían tomar leche materna, o en su defecto, si por alguna situación inherente a la madre esto no fuera posible, una fórmula de inicio, normal, no modificada.

Quienes hacen las leches hacen su negocio, y eso está muy bien, tienen derecho. Todos tenemos derecho a hacer nuestro negocio. Tu negocio en este caso es no gastar de más en una fórmula innecesaria.

De modo que si te dan una fórmula que en la etiqueta dice algo así como: "Fórmula para lactantes con necesidades especiales de nutrición", estás en tu derecho de cuestionar al pediatra. Pregúntale cuál es esa necesidad especial de nutrición que tiene tu bebé y por qué necesita una fórmula especial que es más cara, más difícil de conseguir y no es mejor.

Estas fórmulas especiales suelen traer la palabra "Confort" o "Comfort" en su etiqueta (de las dos maneras). Si te las recetaron, pregunta cuál es el diagnóstico que lo justifica.

Quizá la palabra "confort" evoque una digestión más fácil o menos cólicos o algo así. No es cierto.

Conclusión:

Primero: leche materna.

Luego, si por lo que sea necesitas dar fórmula, que sea de las normales, marcadas con el número 1 o 2, o que sean de inicio.

Si te recetan alguna para necesidades especiales, pregunta el diagnóstico. Muy probablemente no sea necesaria.

Ok, ok... pero de las fórmulas que sí son normales, para niños sin necesidades especiales de alimentación, ¿cuál es la mejor?

¿La más cara?

No lo creo.

Todas las fórmulas infantiles que existen en el mercado están estrictamente reguladas por organismos nacionales e internacionales y todas, sin excepción, tienen los elementos que tu bebé necesita para estar sano.

Algunas fórmulas más caras ofrecen elementos que otras no, como DHA (Omega 3) y ARA (ácido araquidónico), para un mejor desarrollo cerebral, dicen.

Pero no hay estudios libres de conflictos de interés que demuestren que quien no las consuma vaya a tener algún retraso en su desarrollo. Si así fuera, hace unos 100 años lo hubiéramos notado.

Si tienes que dar fórmula mi recomendación es que compres la que mejor se adapte a tu presupuesto, recomendada por tu pediatra, desde luego, con la confianza de que tu bodoque y su cerebro se desarrollarán perfectamente bien, siempre y cuando lo arrulles, le cantes, le hables, juegues con él y lo estimules tal como te lo dicta tu instinto. ¡Ah!, y deja a un lado el celular. Que le hagas más caso a la pantalla que al bebé sí traerá retrasos, así compres la fórmula más guaraguau del mundo con etiqueta dorada y precio exorbitante. No olvides que el bodoque está diseñado por la naturaleza para estar en tus brazos, y eso sí le desarrolla su cerebro.

Las fórmulas son hasta el año. Después de esa edad tu bebé no necesita fórmulas y puede tomar la leche entera pasteurizada de vaca.

Los productores de sucedáneos de leche materna saben que a partir del año se les escapa el cliente. Por eso diseñaron las fórmulas marcadas con el número 3 y 4, con la misma retórica: ofrecen un mejor desarrollo cerebral, entre otras linduras.

No es cierto.

Si tu niño tiene una dieta balanceada y toma leche entera pasteurizada de vaca, no necesita de estas fórmulas caras, y que además pueden traer azúcar añadida y sabores artificiales.

Veamos qué dice la Academia Americana de Pediatría en su página Healthychildren, escrita para los padres de familia y cuidadores:

> ¿Qué sucede con las "fórmulas", leches o bebidas para infantes?
>
> El pasillo de leches de fórmula de su supermercado local se ha ampliado en los últimos años. Junto a los productos

de fórmula para lactantes, con frecuencia verá productos con etiquetas específicas para bebés mayores y niños pequeños. Los productos tienen nombres como "fórmula complementaria", "fórmula de destete", "leche para infantes" o "fórmula para infantes". Estas denominaciones son engañosas, porque los productos no son una parte necesaria de la dieta de un niño sano ni equivalen en modo alguno a las fórmulas para lactantes. Algunos incluyen etiquetas con afirmaciones no comprobadas sobre la salud.

Los niños pequeños no necesitan bebidas especiales para satisfacer sus necesidades nutricionales. Con frecuencia contienen azúcar, sal y proteínas añadidas, o no las suficientes. Asegúrese de consultar la etiqueta del producto cuando compre fórmulas para lactantes. No alimente a los bebés menores de 12 meses con leches, bebidas o "fórmulas" para infantes. Las fórmulas para lactantes incluyen todos los ingredientes en la cantidad adecuada para su bebé.

Esto es lo que dice textualmente la AAP, se refiere a las fórmulas marcadas con el número 3 o 4, que se venden también en México con diversas marcas. No puede ser más claro: **"Los niños pequeños NO NECESITAN bebidas especiales para satisfacer sus necesidades nutricionales".**

Les dejo la liga: https://www.healthychildren.org/Spanish/ages-stages/baby/formula-feeding/Paginas/Choosing-an-Infant-Formula.aspx?_gl=1*kpbg2y*_ga*MTYx

MzA1NjgxMS4xNjk1MzIwMzM3*_ga_FD9D3XZVQQ*MTcwMjI0MjQzOC4yNy4xLjE3MDIyNDM0MTMuMC4wLjA.

Quienes están promocionando estas fórmulas como necesarias, e incluso como indispensables para el desarrollo del bebé, utilizan artículos científicos para respaldarse, pero estos no están libres de conflicto de interés. La AAP sí lo está.

El conflicto de interés ocurre cuando los intereses personales o financieros de un autor pueden influir en los resultados o conclusiones de un estudio.

Conclusión: después del año de edad tu niño no necesita fórmulas si lleva una dieta balanceada. Así que no gastes de más.

Algunos aspectos de crianza

¿Y SI YA ME EQUIVOQUÉ?

Entonces es que eres humano. Esta aseveración no amerita explicación alguna.

Pasa todo el tiempo…

Los errores que como padres cometimos con el primer hijo los descubrimos con el segundo o con el tercero. O quizá mucho después.

Quizá gritaste o te pasaste de la raya con un castigo, quizá golpeaste al niño y tu conciencia te trae frito. Quizá fuiste demasiado permisivo y ahora te falta al respeto.

Quizá lo amaste demasiado y no viste sus errores. Quizá trabajaste demasiado y no te diste cuenta de qué pasaba.

Tal vez leíste al autor equivocado y, creyendo que hacías bien, lo dejaste llorando en la cuna hasta que, derrotado, el niño se durmió… ahora que has leído más te duele haberlo hecho.

Es posible que no hayas observado sus cambios cuando lo acosaban en la escuela, no escuchaste que te lloraba al ir a clases y lo castigaste… cuando lo estaban maltratando. No puedes con tu conciencia, otra vez.

O a lo mejor fallaste al elegir al pediatra, a la escuela, o al dentista incluso.

Lo llevaste con un médico que lo llenó de antibióticos innecesarios y ahora te das cuenta de que tiene daño en su flora intestinal, o te arrepientes de haberle quitado el pecho por un mal consejo del dentista. Quizá esa maestra sí le tenía ojeriza y no te diste cuenta…

Fallaste, y mientras más memoria haces, más fallas te encuentras.

Te abrumas, te angustias, pero piensa: ¿cuándo fallaste de intención?

¿Cuándo tomaste una decisión consciente de que era la incorrecta?

¿Cuándo quisiste lastimarlo?

No tienes que responder.

La trillada frase de: *no hay escuela para padres*, no por trillada es menos real.

Ponte a pensar:

¿Qué será mejor para tus hijos?

¿Quedarte en el pasado lamiendo tus heridas y repasando tus errores, o ir con él, abrazarlo decirle que lo quieres, darle un beso en la frente y corregir?

Te sorprenderás cuando veas la resistencia, resiliencia, fortaleza, nobleza y capacidad para perdonar que tienen tus hijos.

Si tú estás ahí, entero y consciente de tus errores, pero consciente igual de tu buena voluntad (el secreto es que ambas consciencias estén a la par), tu hijo captará. Captará tu desazón, tu angustia y te hará saber que "no fue nada". "No importa, papá, no importa, mamá. Sé que me quieres".

Eso es porque el niño tiene la capacidad (que los adultos luego olvidamos) de juzgar nuestras decisiones por las intenciones, más que por los resultados.

El hijo no se siente ofendido si te equivocaste de escuela, si le negaste un permiso o si le pusiste inyecciones inútiles. No.

Eso ya se le olvidó. De lo que se acuerda es de tus intenciones, y si fueron buenas, que lo fueron, todo se repara, a condición de que estés ahí. Presente, protector, consejero y coherente. Que seas siempre un puerto seguro.

Si ya te equivocaste, corrige y no te quedes rumiando tus errores.

Ansiedad por la separación

Tu niño se portaba ("portaba" es tiempo pasado) muy bien en la consulta del pediatra. Sonreía y agitaba sus manitas muy contento. Al ponerlo en la báscula gorjeaba como pajarito y era una fabriquita de sonrisas.

Pero ya no. Ahora, desde que cumplió ocho meses, Tomasito se porta como Chucky, el muñeco ese diabólico. Grita, berrea y patalea. Dos cuadras antes de llegar al consultorio "se las huele" y empieza el "show". Nada más es cruzar el umbral de la puerta y los berridos no paran hasta que por fin, terminada la consulta, consigue abrazarse como koala al cuello de mamá o de papá, de la abuela o de cualquiera con quien él se sienta seguro. Al pediatra lo mira como si fuera el mismísimo diablo.

¿Qué cambió en Tomasito?

Tu tía Gertrudis, ya sabes: esa tía metiche que tenemos en todas las familias y que siempre opina sin que nadie le pregunte, dice que lo que pasa es que lo tienes embracilado (lo que sea que eso signifique), opina que el niño "va para atrás" y sentencia que lo que le hace falta es que lo dejes llorar, para que haga pulmones.

Habría que aclararle que los pulmones ya vienen hechos, pero ese es otro tema.

La abuela aquella con la que antes se iba feliz ahora es rechazada, le voltea la cara y le hace pucheros, luego ella opina que Tomasito está muy chiflado. Que en vez de mejorar cada vez está más chillón. Y como Tomasito efectivamente se ha vuelto muy chillón, no se quiere ir con nadie y se te pega como garrapatita, tú te preocupas. Vamos, hay veces que ni con papá se quiere ir…

¿Qué pasa?

Nada. Lo que ocurre es que Tomasito, en contra de lo que dicen los "opinólogos" expertos, va avanzando. Está madurando. Se han conectado más neuronas en su cabecita y ahora capta mejor las cosas.

Aquí un paréntesis: desde que nació, Tomasito viene con todas sus neuronas completitas, pero le falta conectarlas. El cerebro no termina de madurar hasta aproximadamente los 25 años. Esas conexiones se van dando poco a poco. Imagina el firmamento, la bóveda celeste, en la que las estrellas están apagadas y poco a poco se van encendiendo, hasta que se prenden todas y ves el cielo brillar, cargado de millones de luces... igual se va encendiendo la luz de la consciencia dentro de la bóveda craneana de tu bebé.

Así, el cerebro de Tomasito va "encendiendo" sus neuronas cuando estas se conectan entre sí, estas conexiones se llaman "sinapsis" y van iluminando poco a poco su universo. Ahora percibe cosas nuevas.

Pero volviendo al tema, ¿qué son las cosas nuevas que percibe?

Aproximadamente a los ocho meses el niño percibe su individualidad. Ya se da cuenta de que él es él, y esa persona llena de amor que siempre lo abraza y lo tranquiliza, lo alimenta y todo, su mamá (o cualquier figura de apego), es otra persona distinta a él.

Antes el niño no se percibía como un ente separado de su madre. Luego se conectan algunas neuronas y todo cambia.

Se da cuenta además de que él, Tomasito, sin su mamá estaría solo e indefenso. Eso le resulta aterrador.

Resulta que no solo es consciente de su individualidad, sino también de su vulnerabilidad.

Además reconoce a los extraños. El pediatra, desde luego, es un perfecto extraño.

Por eso en la consulta de los siete meses Tomasito estaba feliz, haciendo burbujitas con la saliva y lleno de sonrisas, y después, en la de los ocho meses, está aterrado y no se quiere despegar de su mamá.

Tomasito no entiende que ese extraño (el doctor) no se lo va llevar. No comprende que quedarse solito en la camita de exploración en las manos de ese desconocido es nada más por unos minutos. No sabe, ni puede saber, que su mamá no se irá. De ahí el terror.

Esa es la ansiedad por la separación, y es normal. Se supera, en unos niños antes y en otros después.

No es que sea berrinchudo, ni que esté embracilado (lo que sea que eso signifique), ni que necesite llorar para que haga pulmones, ni tampoco que lo estés "malcriando".

Cuando tu Tomasito o tu Margarita lleguen a esa etapa (no todos los niños la tienen y también es normal), lo que has de hacer es darle la seguridad de tus brazos. No lo dejes con quien no quiera estar, no lo sueltes con quien no se quiera ir y hazle ver que cuenta contigo.

Alguna vez quizá será necesario que se quede con alguien que no seas tú y vendrá la angustia. Se quedará llorando con esa tía a la que no conoce o con una niñera. Tampoco es grave. Los bebés son muy receptivos al cariño. Si el cuidador es cariñoso y estable todo estará bien.

Durante este periodo, que puede extenderse incluso hasta el preescolar, es prudente que tu bebé tenga más de dos figuras de apego. Eso facilitará las separaciones.

Berrinches y pataletas (poner límites)

Antes los berrinches se arreglaban a trancazos. Chanclazos, cinturonazos y hasta cachetadas. Todavía hay quien resuelve el berrinche con la psicología de la chancla. Cuando en mi página de Facebook publico alguna nota para explicar que a los niños no se les pega, me impresiona que son miles los comentarios que defienden con pasión el dizque beneficio de golpear a los niños.

Unas "buenas nalgadas", me alegan, resuelven muy bien los berrinches. Entrecomillé lo de "buenas nalgadas" porque las nalgadas nunca son buenas en la crianza. En el tema de educar con golpes profundizaremos después.

Volvamos a los berrinches, porque son inevitables.

Todos hemos visto a ese niño que en un avión, en un restorán, en un supermercado hace una pataleta de antología, de esas inolvidables. Ese niño que tira todo lo que tiene a su alcance, llora a gritos y golpea a quien trate de calmarlo para luego tirarse en el suelo sin dejar de patalear. Es un espectáculo triste, doloroso. Los papás no tienen idea de qué hacer y alrededor del "evento" se incomoda todo el mundo.

Dije que los berrinches son inevitables y sí, lo son, pero hay de berrinches a berrinches. No es lo mismo una pataleta como la describo protagonizada por un niño grande y fuerte de nueve años y 33 kilos, que el berrinche del bebé de un año que se quiere llevar a su casa el dinosaurio de mi consultorio.

El primero es muy difícil de manejar, casi imposible. Los berrinches intensos en niños mayores pueden necesitar la ayuda de un terapeuta familiar.

El segundo es muy fácil de manejar. El bebé pesa nueve kilos y su mamá lo tranquiliza fácilmente y hasta con una mano, mientras con la otra carga el pañalero. Solo es cuestión de que quiera poner límites y al año de edad es facilísimo. Pero a los nueve años no.

Querer establecer límites en niños mayores es sumamente complicado. De aquí se infiere que para el manejo de los berrinches es importantísimo tener claras dos cosas: poner límites y ponerlos a tiempo, desde el principio. Desde que el bebé es bebé, y no pretender luego, a los siete años, cuando ya a nadie le hace gracia que pegue y escupa, exigirle que no pegue y escupa. ¿Por qué habría de hacerte caso, si llevas años festejándole la "gracia"? ¡Y es que de bebé, cuando apenas estaba aprendiendo a caminar, se veía tan gracioso!

Aproximadamente al año de edad empiezan las frustraciones. El niño se hace consciente de la relación causa-efecto. Es decir, descubre que sus acciones tienen consecuencias que resultan divertidas, y eso está muy bien. A esta edad el niño es muy curioso. Le llaman la atención casi todas las cosas a su alrededor y quiere conocerlas todas. Esto implica tomarlas con sus manos, metérselas a la boca, arrojarlas al suelo para ver qué ruidos hacen al caer. Hay que permitirlo, porque es parte esencial de su desarrollo. Además ya camina o está empezando a caminar, gatea y tiene más independencia. No necesita que lo lleven de un lado a otro, él puede ir solo. Y si no le permitimos hacer lo que quiere, se frustra. Se enoja y viene un berrinche. Es normal.

¿Entonces debemos dejar que haga lo que se le pegue su regalada gana?

No.

Aquí es cuando entran esos dos aspectos fundamentales del manejo del berrinche: poner límites. Ponerlos desde el principio, como decíamos, cuando el niño tiene un año y pesa alrededor de 10 kilos será muy fácil.

Veamos unos ejemplos:

Tomasito quiere meter el mango de la cuchara en el tomacorriente. Llega papá y lo carga. Lo aleja del tomacorriente y le quita la cuchara. No discute con el niño, nada más se lo lleva de ahí. Tomasito se enoja. Tiene frustración porque no lo dejaron hacer lo que quería y llora y patalea. Es un berrinche. Papá lo carga, lo abraza, le dice que el tomacorriente es peligroso y que no se toca y se lleva al niño a jugar con el perro que está ladrando en el jardín. A los siete minutos el niño se ha olvidado del tomacorriente, de la cuchara y del berrinche. Está feliz, jugando con Firulais.

Su papá, cada vez que se acerque al tomacorriente, hará lo mismo y tapará el tomacorriente con un mueble para evitar la tentación o le pondrá un protector.

El papá de Tomasito ha puesto un límite. Lo pondrá siempre, y es un límite no negociable. Independientemente del berrinche los tomacorrientes no se tocan.

Margarita quiere meter el mango de la cuchara en el tomacorriente. Llega papá y trata de alejarla de ahí, pero la niña llora y grita. Papá discute con ella pero la niña no entiende. Al año de edad el entendimiento de los riesgos de la corriente alterna es muy pobre, papá debería de tener la sensatez de no discutir con Margarita, pero no, sigue discutiendo.

Como la niña sigue sin entender, y cada momento llora más y más fuerte, papá desconecta la corriente eléctrica de la casa para que Margarita pueda meter el mango de la cuchara sin peligro. Margarita juega tres minutos con el tomacorriente y luego va a buscar otra cosa con qué entretenerse.

Por absurdo que pudiera parecer, el segundo ejemplo es real. No lo inventé. Hay papás que no están dispuestos a contrariar a sus hijos en nada, porque tienen la creencia de que causarles frustración les provocará algún tipo de trauma en el futuro.

Estas conductas entre padres y cuidadores abundan de algunos años para acá.

Si su papá no cambia el rumbo, Margarita crecerá sin límites. Será la niña berrinchuda e insoportable que protagoniza la pataleta en el restorán, arruinando la tranquilidad de todos.

Vi un video en YouTube. Un niño como de cinco años iba en su asiento viendo su celular y pateando todo el tiempo el asiento de adelante. El pasajero afectado le pidió amablemente que dejara de patear su asiento. La madre del niño se enfureció contra el pasajero y el niño seguía pateando como si nada y jugando con su celular. Ni se enteró del pleito. No sé en qué acabó, el video hasta ahí llegaba.

Ese niño está aprendiendo a hacer lo que se le pega la gana aunque moleste a los demás.

Pronto hará algo que moleste a su mamá y ella no podrá evitarlo. Enfrentará grandes berrinches.

Un último ejemplo muy verosímil, para que "amarre" la idea:

Margarita quiere jalar el mantel de la mesa sobre la cual hay un pesado jarrón. Si jala el mantel, el jarrón caerá sobre la niña rompiéndose y rompiendo a su vez la cabeza de la niña. Si papá no hace algo, se perderá el jarrón y el presupuesto familiar del mes, al pagar la cuenta del hospital.

De modo que papá quita el jarrón y se lleva a la niña. No le permite jalar el mantel. Cuando Margarita quiere jalar de nuevo el mantel, de nuevo se lo impiden, aunque ya no esté el jarrón. Se impone un límite no negociable. Los manteles no se jalan. Punto. No es necesario gritar ni regañar ni mucho menos pegar. Margarita tiene un año y a esa edad es muy fácil cargarla, llevarla a otro lado y entretenerla con otra cosa. Pero se establece un límite muy claro que se refuerza cada vez que la niña pretende jalar un mantel.

Tomasito quiere jalar el mismo mantel.

Papá quita el jarrón y se lo lleva a un lugar seguro. El niño jala el mantel, lo tira, juega un rato con el mismo y luego se aburre y se va a jugar con otra cosa.

Tomasito está aprendiendo que los manteles pueden estirarse. Cuando rompa algún jarrón o se rompa la cabeza, su papá tendrá la culpa. Pero lo más grave es que está aprendiendo que no hay límites.

Aunque hagas bien las cosas y pongas límites en edades muy tempranas, alguna vez habrá un berrinche. Lo habrá porque los niños te ponen a prueba. Quieren saber hasta dónde pueden llegar.

Es posible que en el supermercado no le compres el juguete que quiere, él insista y ante la negativa venga la pataleta. ¿Qué hacer?

El viejo método de pararlo con una nalgada y llevárselo a la fuerza se antoja, pero es muy mal visto, y ahora sabemos jamás debemos pegar.

Cuando el niño hace un berrinche el que peor se siente es él. Es inmaduro, su cerebro es inmaduro y no puede gestionar sus emociones. El berrinche es un pedido de ayuda. Durante el berrinche él se siente muy mal. En la mitad de la pataleta, el juguete en cuestión ya suele ser lo de menos. Se ha desatado una cascada de emociones incontenibles que el pequeño no puede manejar solo. No necesita un golpe. Necesita tu apoyo. Que estés ahí con él, que lo acompañes. Acércate y no lo ignores durante esa crisis (los berrinches son, al final, una crisis).

Trata de abrazarlo. Si te rechaza aléjate un poco y vuelve intentarlo de nuevo. Poco a poco, el niño irá calmándose y acabará deshecho en pucheros en tus brazos. Pasará la tempestad y todo estará bien.

Pero que jamás, jamás se te ocurra ceder ante el berrinche. El límite debe imponerse siempre y el no, es no. No caigas en la tentación de comprarle en ese momento el juguete que causó la crisis o aprenderá que con pataletas se consiguen las cosas. Jamás lo permitas.

Si empiezas a poner límites desde muy temprana edad, será muy poco probable que los berrinches se extiendan más allá de los cuatro años. Un niño mayor de seis años que hace berrinches casi siempre es un niño que no conoce límites. No los conoce porque nadie se los ha enseñado.

Que no sea tu caso.

¿Ya lo es? Entonces lo ideal es buscar un terapeuta familiar. Para resolver el problema será necesario que tanto el niño como sus padres se sometan al tratamiento de un psicólogo experto.

En el tema de los berrinches, como en todo, lo mejor es prevenir.

No lleves a los niños a lugares en donde tengan que estarse quietos mucho tiempo. Si pretendes que el niño de tres años se esté sentado y quietecito durante la hora completa que dura una misa, o si quieres que el chamaquito de seis se porte como adulto en ese restorán elegante después de que ya comió y se quiere ir a jugar, estarás buscando problemas.

El niño de tres años no aguanta una hora callado y sentado, y al de seis no puedes exigirle que se esté quieto después de ese tiempo.

En estos casos, al primero no lo lleves a misa y al segundo llévalo a un lugar en donde pueda jugar. A algún restorán familiar con juegos para niños, por ejemplo. Así evitarás problemas.

Por último, es fundamental que entendamos que vivimos en sociedad. Los demás no tienen por qué aguantar los berrinches o el mal comportamiento de nuestros hijos.

Si por lo que sea tienes un niño berrinchudo, el problema es tuyo. Hazte cargo. No esperes que los demás lo aguanten. No tienen por qué.

Enséñales y exígeles respeto.

Ciertamente nuestras sociedades deben de ser más empáticas con los niños, sobre todo con aquellos que tienen alguna condición especial, pero al final son tus hijos. Si dan problemas, los problemas son tu responsabilidad, no de los demás.

El grave error de educar con golpes, gritos, amenazas y chantajes

Cuando vemos a un niño portándose francamente mal, pero de verdad mal, nos da por pensar: "Ese niño necesita unas nalgadas", ¿no es así?

Al niño que con alaridos exige que le compren unos dulces en el súper y que se tira al suelo a patalear, no antes de haber arrojado al piso toda la mercancía que estaba a su alrededor, entiendo que se antoje levantarlo de una nalgada (o dos) y llevárselo de ahí para completar un castigo ejemplar llegando a casa, ¿no lo creen?

Bueno, pues yo lo creí por mucho tiempo, pero ya no. La lectura y el estudio cambian nuestros puntos de vista, para eso son. Al entrar en contacto con las investigaciones de los grandes pedagogos que desde hace más de un siglo han demostrado con evidencia incontrovertible que la violencia, cualquier tipo de violencia, es contraproducente en la crianza, mi modo de pensar cambió. No hay evidencia científica de que los golpes mejoren el rendimiento escolar o ayuden en la educación. La evidencia de lo contrario es abrumadora.

No obstante, ese argumento de que "más vale un golpe a tiempo" sigue presente, muy presente en nuestra sociedad, de modo que en muchas familias la chancla sigue suelta y el cuerazo y la nalgada siguen tronando.

La mayoría de los adultos que de niños fuimos "corregidos" con el cinturón solemos decir que agradecemos a nuestros padres que nos hayan "enderezado" a tiempo. Que gracias a la chancla y a las nalgadas somos hombres y mujeres de provecho. Alargamos la perorata comentando que lo que les falta a los niños de hoy son golpes...

Y no es cierto.

Los niños de antes que eran corregidos a golpes hacían berrinches tanto como los de hoy, que en vez de con nalgadas se "corrigen" con psicólogos. Los berrinches siguen igual.

Lo que hay que entender es que el berrinche será inevitable, porque es un hito en el desarrollo, con o sin golpes. No todos los niños harán berrinches; eso es una cuestión de temperamento. Sin embargo, en todas las épocas y con todos los métodos hubo y habrá niños berrinchudos. Siguiendo la línea, ¿qué sentido tiene golpear cuando de berrinches se trata, si no comprendemos el porqué del berrinche y cómo manejarlo?

La respuesta al berrinche ya la vimos en el capítulo anterior. Es poner límites a tiempo.

Si a pesar de todo se presenta la pataleta, entonces hay que contenerla y acompañarla. El golpe no va a la causa.

"La letra con sangre entra", fue el argumento de docentes y educadores durante siglos para justificar la violencia en la educación escolar.

Me parece ocioso a estas alturas analizar tal propuesta que cae por su propio peso y que está sepultada bajo toneladas de sólida evidencia científica.

La primera escuela Montessori abrió en 1907, y ya desde antes existía evidencia científica que demuestra que sin violencia se aprende mejor.

Abundan argumentos pedagógicos sustentados en investigaciones incuestionables, estudios psicológicos respaldados con profundo conocimiento académico que demuestran más allá de toda duda la inutilidad del golpe en la crianza y, por otro lado, es patente el daño a veces irreparable que la violencia genera.

Discutir con quien defiende la violencia como método de crianza y enseñanza es como discutir con quien cree que la Tierra es plana... una pérdida de tiempo. No quiero atorarme ahí.

Quiero ir más allá. Independientemente de la inapelable realidad que plasma con toda claridad científica que golpear a los niños es inútil y contraproducente, apelo, querido lector, a la conciencia. Conciencia con *c*, no con *sc*, que hay diferencia entre ambas palabras.

Con *sc*, *consciencia* se define como "la capacidad de reconocer la realidad circundante". Aunque útil siempre, no es esta consciencia a la que apelo, sino a la de Pinocho. A ese Pepe Grillo que tenemos todos. A esa vocecita interior que nos dice si actuamos bien o mal.

El diccionario las diferencia; de la conciencia dice: "conocimiento del bien y del mal que permite a la persona enjuiciar moralmente la realidad y los actos, especialmente los propios".

Díganme con el corazón en la mano que después de golpear al niño no les remuerde esa conciencia; independientemente del tamaño de la travesura, de la asignatura reprobada, de la fechoría cometida por quien a fin de cuentas es apenas un niño.

Cuando golpeas a tu hijo sabes que fallaste, lo sabes bien y tu conciencia en tales casos no es una vocecita. Es un grito atronador.

Pero te justificas. Al ir creciendo vamos aprendiendo poco a poco a acallar esa voz interior que nos condena, porque necesitamos sentirnos bien, justificarnos ante los demás y sobre todo ante nosotros mismos.

"Mi papá me pegaba —argumentamos—: Gracias a esos cuerazos dados a tiempo, soy ahora un hombre de provecho". Y sí, crecemos con esa idea que se fortalece con el paso de los años y luego la replicamos en nuestros hijos.

Descargamos a golpes o a gritos nuestras frustraciones y disfrazamos el asunto con la indumentaria de la educación. "Hay que educarlos, ¿no?".

No, no así.

Pensamos en nuestros padres amados o en su recuerdo. Recordamos quizá aquellas "lecciones" violentas y pensamos que fue lo correcto, porque si tuvimos padres buenos y amorosos, no nos atrevemos a cuestionarlos o no lo hacemos fácilmente porque... en realidad ese recuerdo trae vergüenza.

Una vergüenza inconfesable. El niño que es "corregido" con violencia se siente avergonzado. Pero no es la vergüenza por no haber hecho la tarea o por haber hecho añicos aquel jarrón de la abuela. Es la vergüenza por el golpe mismo, propinado precisamente por quien debería de defenderlo de cualquier agresión. Es inconfesable por el malestar, el desasosiego que provoca reconocer que ese papá o esa mamá a la que tanto se quiere falló. Falló porque fue injusto, pues la violencia contra un niño lo es siempre.

Ese momento previo al castigo, ese lapso antes de que se desatara la violencia en el que nos llamaban a recibir el castigo físico, los cuerazos, chanclazos, nalgadas, coscorrones o lo que haya sido, era un momento de vergüenza. Era un momento de terror, a veces, pero siempre vergonzoso.

Si somos hombres de bien, no lo somos por los golpes propinados, sino por el ejemplo recibido. Por el amor manifiesto. Por la paciencia, por las veces que no hubo violencia.

El amor a nuestros padres y su memoria nos ciega. Si somos buenos hijos, entonces hemos olvidado y perdonamos con el más profundo sentimiento de respeto: "Aquellos cuerazos me los merecía". Disculpamos a nuestros padres porque son parte nuestra, están incrustados en nuestra memoria, en nuestra alma, y eso está bien. Está bien el perdón, está bien superar la ofensa... pero no está bien replicarla.

¿Y qué es lo que sucede en el cerebro del niño cuando es golpeado o humillado?

El golpe humilla, eso es lo primero que tenemos que reflexionar. De ahí, sin mucho esfuerzo, se comprende en parte el sentimiento de vergüenza al que me refiero. Luego dupliquémoslo, porque la humillación proviene de quien amamos.

El golpe paraliza, de modo que el niño se detiene o, por el contrario, busca huir, escapar. O puede ponerse agresivo, pues es una reacción innata, de supervivencia. La reacción es inevitable, porque es mediada por las hormonas. El castigo físico eleva el cortisol, esa famosa hormona responsable del estrés, y también la adrenalina, que, como bien sabemos, se encarga de reaccionar para huir... o atacar. Es una hormona de supervivencia. Cuando le levantas la chancla al chamaco, ambas hormonas se activan en el inmaduro cerebro de tu hijo. Se llena de estrés por el cortisol y se prepara para escapar por la adrenalina. ¿Crees que en esas condiciones está receptivo para aprender la lección, cualquier lección?

Aprende a escabullirse, a esconderse. Si el castigo físico es frecuente, el niño aprende a evitarlo, no por la reflexión del bien o el mal, sino por un instinto de supervivencia (mediado por hormonas). Aprende a mentir, a ocultarse, a evadir responsabilidades. Y se hará cada vez más hábil en estos menesteres.

Si con gritos y golpes le dices que no debe robar, porque el robo perjudica a los demás, él no estará en condiciones de ponerse empático con la víctima del robo. No podrá entender que ha hecho un daño, que lastimó a alguien más. Con el cortisol al tope y la adrenalina impulsándolo a escaparse de tus gritos y tus golpes, lo que aprenderá es a escapar de ti. A engañarte.

Si quieres que comprenda el daño que hizo al robar, no será quitándote el cinturón para darle de cuerazos.

Y olvidémonos de argumentos en pro del golpe a tiempo, es tan necio como argumentar que la Tierra es plana.

"Consecuencias" y correcciones. ¿No será mejor "castigo"?

Excepto para los terraplanistas (con quienes no pienso discutir), espero que haya quedado tan claro como que la

Tierra es redonda, el hecho de que está mal educar con golpes.

Pero eso no significa no aplicar la ley.

En nuestros días buscar eufemismos para suavizar la realidad es la tendencia. Por ese afán de no ofender a nadie los conceptos se quedan en el aire, creando un caos.

Pretendiendo no lastimar, queremos eliminar del vocabulario la palabra *castigo* en la crianza. Que el castigo es arbitrario, nos dicen. Que nada tiene que ver con la falta cometida, que crea confusión. Se argumenta que el castigo conduce a la rebeldía, que trae resentimiento, retraimiento o remordimiento. Entonces, mejor le diremos "consecuencia", haremos que se relacione con la falta y descarguemos el peso de la misma.

Se nos olvida que la crianza tiene el objetivo de educar para la vida. Y la vida castiga.

Definamos, que para eso hay diccionario: en su primera acepción, *castigo* "es la pena que se impone a quien ha cometido un delito o falta".

La vida castiga. La ley castiga, y las penas están establecidas: multas o cárcel, por ejemplo. Son castigos. Hay sociedades incluso que castigan con latigazos, otras que castigan con la muerte.

Aclarando que deploro la violencia, y sin meterme a discutir ni analizar la ética en las penas impuestas por las distintas culturas y sociedades alrededor del mundo, que ese no es el tema, existen. Los castigos existen en el mundo entero.

Quien incurre en un delito y es juzgado y sentenciado será castigado de la forma en que la ley vigente impone, si es que se vive en un Estado de derecho, lo que es deseable, aunque sabemos que no siempre ocurre… de nuevo, ese no es el tema.

El tema es que escatimar el castigo resultará peor que educar con golpes. El uso de "consecuencia" en lugar de "castigo", sobre todo cuando la falta se ha cometido estando bien claros los límites, es decir, adrede, dulcifica, mitiga la falta misma. La "consecuencia" es algo que llega, no algo que se impone, y ahí está la clave del error al pretender endulzar la realidad.

Más claro: la "consecuencia" llega. El castigo se impone. Este es un principio de autoridad sin el cual las sociedades no funcionan y la crianza fracasa.

Pongamos un ejemplo:

Tomasito, que va a la escuela primaria, sabe que no debe robar, pero roba. Se roba el sándwich de Liam y se lo come… (ahora casi todos los niños se llaman Liam). Tomasito sabe que el sándwich no es de él (está consciente), y entiende que su amiguito se quedará con hambre en el recreo (esa sí es una consecuencia), y no le importa. O quizá sí le importa, pero es capaz de doblegar a su conciencia (con *c*, la de Pinocho, que le dice que está haciendo un mal a su amiguito); la doblega y se come el almuerzo del pobrecito de Liam. La maestra lo descubre con las manos en la masa escondido debajo del escritorio, chupándose los dedos y masticando con la boca llena el último bocado, mientras Liam llora desconsolado con su lonchera vacía.

Para evitar un trauma, nadie le dice a Tomasito que sufrirá un castigo. Sino que habrá una "consecuencia". "Habrá", como si la tal consecuencia llegara de las nubes, volando sola, sin que nadie tenga nada que ver. La consecuencia será que se disculpará con Liam o compartirá su lunch con él, o algo así... pero que tenga que ver con la falta, dicen. No hubo. No sea que por castigarlo se le rompa algo en su subconsciente.

Grave error. La dichosa "consecuencia" a Tomasito le importa un bledo. Es muy blanda. El niño no tuvo que enfrentar la vergüenza ("vergüenza" es palabra clave) de haber robado. Tomasito no entenderá la gravedad del delito, porque no sufrió un castigo. Sino una "consecuencia". Algo que llega de quién sabe dónde cuando no actuamos bien, que llega sola, sin que nadie la haya impuesto. No hay nadie que lo señale con el índice: "Ladrón, el que roba es un ladrón. Merece un castigo". Decirle "ladrón" al que roba es señalarle la gravedad de la falta, eso trae la vergüenza indispensable.

Que la víctima tenga un rostro (en este caso el de Liam) lo humaniza, y a través de la vergüenza percibida el ladrón (Tomasito lo fue, aunque sea un niño) es impulsado a comprender el daño que hizo y empatizar con su víctima. Viene el remordimiento (palabra clave) necesario y el arrepentimiento (palabra clave) deseado. La "consecuencia", impersonal y etérea, que hoy nos proponen algunas corrientes psicológicas es peor que unas nalgadas. A la larga hace más daño. Y aclaro que golpear es error grave.

La "consecuencia" castiga a la víctima, porque no hace justicia.

"¡Pero el castigo creará remordimiento!", nos dicen indignados quienes pretenden eliminarlo. Pues sí. Y eso está muy bien. El que actúa mal debe sentirse mal. Ese el remordimiento. En cuanto a la rebeldía y el resentimiento, solo ocurrirán si los límites y los reglamentos no son claros o si el castigo es desproporcionado. Robar no es cualquier cosa. Los ladrones tienen en jaque a nuestro país, recuerden. Es horrible.

El concepto de castigo tiene que regresar a la crianza en toda forma y de inmediato. De ninguna manera será un golpe. Pero Tomasito debe tener bien claro que se le ha señalado por la autoridad, en este caso la maestra, y con un dedo acusador. Tiene que enfrentar la vergüenza como verdadera consecuencia y además un castigo corrector impuesto no por el destino, sino por la ley (las reglas de la escuela y de la sociedad). En la vida real, en donde hay Estado de derecho, así es. No olvidemos que se educa para la vida.

Corregir con "consecuencias", hará laxa la conciencia de Tomasito, dejará a Liam, además de hambriento, con la certeza de que no se le hizo justicia. En la escuela se habrá sembrado la idea de que robar en el fondo no es tan malo. Y sí, sí que lo es.

Mejor volvamos al castigo. Cuál es el castigo que corresponde a la falta debe conocerse de antemano y por todos. Que el niño sepa a qué atenerse le dará certidumbre. En la casa, en la escuela y en la vida debe tenerse bien claro cuál es el castigo por robar, o por cualquier transgresión. Aunque se trate de un niño, o es más, principalmente si se trata de un niño.

El niño que roba, el que golpea a sus compañeros o los bulea, el que engaña, el que miente, debe de ser castigado según un reglamento establecido y comprendido por todos, y el castigo debe de ser impuesto por alguien con un rostro. No debe ser una consecuencia que llegó del más allá. Es duro, pero el transgresor debe de ser señalado como tal.

Lo mismo en la familia. La autoridad son los papás. En la familia el niño necesita crecer con certidumbres. Sin reglas y límites claros no hay certidumbre alguna. Si se rompen las reglas, no bastará alguna "consecuencia" venida del limbo. Dará mucha más certidumbre un castigo, con todas sus letras, impuesto por la autoridad.

Llamemos a las cosas por su nombre.

Como corolario del tema, les dejo esta frase cuyo autor no pude hallar, pero que es precisa:

"Quien estuvo castigado de niño porque desobedeció a sus padres, hoy sufre de un trauma psicológico muy raro llamado: educación".

ESPASMO DEL SOLLOZO

Tomasito se priva y su mamá se pone como loca.

Le ha pasado varias veces... en la última ocasión el chiquillo hizo un berrinche porque no lo dejaron comerse la comida del gato y de repente se privó. Empezó como berrinche normal, de esos comunes y corrientes, cuando de repente dejó de respirar. Luego se puso tieso como tabla y después morado como berenjena hasta que al fin, luego de dos sacudidas, dos cachetadas, cuatro nalgadas y de soplarle en la nuca y en la cara, el niño agarró aire y volvió a respirar como si nada. Todavía insistió durante un rato en degustar la comida del minino, pero no lo dejaron. Ya no volvió a hacer berrinche ni a privarse. Supongo que pensó que no era para tanto. Después de unos minutos el pequeño se entretuvo jalando y retorciendo la nariz de su papá, y todo volvió a la normalidad.

El punto es que como es la cuarta vez que pasa, sus papás están preocupados porque la tía Gertrudis les dijo que de seguro es epilepsia y que se le va a dañar todo el cerebro. Así les dijo: "Todo el cerebro", no nada más de un lado. Todo.

Lo que le pasa a Tomasito es que tiene "espasmos del sollozo". Es una condición normal que se presenta con mucha frecuencia en niños sanos. Aproximadamente en cinco de cada 100 niños entre los seis meses y los cinco años de edad, aunque pueden ocurrir desde antes o después.

Los espasmos del sollozo son inofensivos (lo son para el niño, porque a los papás les da diarrea).

Lo que hizo la mamá de Tomasito estuvo en parte bien y en parte mal. En parte bien, porque a pesar de la insistencia no permitió que el chiquillo le quitara la comida al gato, pues la comida de gato no es apta para los niños de un año de edad, por más nutritiva que le resulte al bicho.

Sea que se trate de un berrinche o de un espasmo del sollozo que empezó por un berrinche, ceder sería un error.

Estuvo mal porque entró en pánico. El pánico es mal consejero. No debió darle cachetadas y nalgadas al pequeño, menos aún sacudirlo (es muy peligroso, luego lo veremos). El espasmo del sollozo se va tan rápido como aparece y no tiene consecuencias negativas. No es epilepsia ni la predispone, no son convulsiones. A veces, cuando los episodios de espasmo se alargan por más de 10 o 15 segundos, el pequeño puede tener algunas sacudidas, pero no son convulsiones. Con frecuencia el niño pierde la consciencia (sí, se desmaya) por unos segundos. Luego la recupera y la respiración vuelve como si nada. Es en estos casos cuando los papás, si no se desmayan también, suelen dar nalgadas, cachetadas y peligrosas sacudidas que no sirven para nada.

Algunos niños con espasmo del sollozo no se ponen morados, sino pálidos como la cera. A esta variante se le llama de "espasmo del sollozo pálido", y suele presentarse después de un susto, más que por un golpe o por un berrinche.

Los niños con espasmo del sollozo no necesitan ir al neurólogo ni ningún tipo de estudio especial. Ni siquiera necesitan ir a urgencias. Con comentarlo con su pediatra en la consulta de rutina es suficiente.

En caso de un espasmo del sollozo no es necesario dar respiración ni reanimación, ni nada.

Lo más difícil para los papás será mantenerse quietos mientras dure.

La tía Gertrudis opina (sin que nadie le pregunte, como siempre) que lo que pasa es que Tomasito está manipulando a sus papás y ya les tomó la medida. Por lo mismo propone unas buenas nalgadas o echarlo al agua fría (esto último es un consejo frecuente dado por personas ignorantes). Es absurdo y cruel. Los niños no pueden manipular hasta alrededor de los cinco años de vida, pues antes de esta edad el cerebro no tiene la capacidad de interpretar la mente de los demás.

El niño no puede pensar: "Voy a dejar de respirar para ponerme morado y luego desmayarme y así mi mamá me va dejar que me coma la comida del gato".

No, tía Gertrudis. No es así.

TERRORES NOCTURNOS, PESADILLAS Y MIEDO A LA OSCURIDAD

Todos hemos despertado alguna vez con el corazón acelerado y la mente confusa, y la piel empapada de sudor por ese mal sueño que parece tan real que tenemos que tomarnos un tiempo para comprender que solo fue un sueño.

Como tú y como yo, los niños tienen pesadillas, pero a su cerebro inmaduro le cuesta más trabajo diferenciarlas de la realidad. No es raro que después de una pesadilla el niño despierte con un grito y pida a sus papás.

Cuando tu pequeño tenga pesadillas, apóyalo. Si tú despiertas de un mal sueño, en cinco minutos ya sabes que fue solo una pesadilla. Él no. Se quedará con el miedo y quizá no pueda volver a dormir sin tu ayuda o hasta que lo venza el cansancio, por eso acompáñalo. Quédate con él hasta que se vuelva dormir y no dejes de repetirle que todo está bien, que solamente fue un mal sueño. Los niños tardan más en procesarlo y para ellos es más difícil diferenciar lo que soñaron de la realidad. Puedes contarle un cuento (no de miedo, por favor), puedes recordarle algún episodio alegre que haya ocurrido recientemente, como aquel día de campo o su fiesta de cumpleaños. Distraerse con un tema agradable le ayudará a dormir tranquilo.

No le preguntes qué fue lo que soñó, si él quiere decírtelo lo hará, pero es posible que prefiera no hablar del tema, porque puede causarle inquietud. Las penumbras de la noche no son el momento adecuado para platicar de aquello que tanto le asusta.

Con la claridad de la mañana será muy fácil convertir esa pesadilla, si todavía la recuerda, en algo sin importancia o hasta gracioso.

Suele suceder que los temores que en la noche tenebrosa nos agobian, con la luz de la mañana se disipan, como la niebla. Y aquellos bultos negros que nos atemorizaban en la oscuridad, con la luz del sol se ven de colores alegres. Los monstruos de la noche son ahora peluches sonrientes.

¿Se acuerdan de Harry Potter y el prisionero de Azkaban? El profesor Lupin, ese gran pedagogo, enseñó a sus alumnos en la clase de "defensa contra las artes oscuras" a quitarse los miedos con el hechizo "Riddikulus". Consiste en visualizar los peores temores y transformarlos con la mente en algo divertido.

J. K. Rowling sabía lo que escribía; funciona con los niños y a veces incluso con los no tan niños, como yo, por ejemplo.

Si le funcionó a Neville Longbottom o a Hermione le servirá a tu pequeño.

¿Y qué tal si el miedo es a la oscuridad?

Pues préndele una luz. Una lamparita le dará tranquilidad, y si además el pequeño tiene algo que abrazar... el clásico oso de peluche o cualquier juguete abrazable, mejor.

Los niños superan sus miedos mucho más fácilmente con apoyo que sin él, esto se aplica a cualquier edad, pues a cualquier edad hay miedos, y no todos nuestros miedos son razonables.

Los miedos de los niños nos pudieran parecer irracionales, pero no lo son. Para el cerebro inmaduro del niño, y desde su perspectiva, son miedos lógicos para su edad. El apoyo y acompañamiento ayudan, porque si el niño no tiene la madurez para razonar que en la oscuridad de su habitación no hay peligros, de nada servirán los discursos; en cambio una lucecita y un peluche que abrazar sí que ayudan. Ya se completarán las conexiones entre sus neuronas que le permitirán entender que su cuarto es el mismo con o sin luz.

Para entender mejor la intensidad que alcanza el miedo en un niño, te recomiendo, querido lector, que leas un cuento corto que se llama "Fin de fiesta", el título en inglés es "The End of the Party", de Graham Greene. Es terrible, así que si tienes corazón de pollo prepárate para leerlo, y si no, con más razón. Te ayudará a ser más empático.

Terrores nocturnos

Nunca supimos qué fue lo que le pasó esa noche a mi hermanita, la menor de cinco.

Tendría ella tres o cuatro años, la acostaron temprano como siempre, y de repente, después de dormir un rato, dio un grito de terror. Nos levantó a todos, a papá y mamá y a los cuatro hermanos, que con los ojos pelones y llenos de espanto veíamos a la chiquilla sentada en su cama, con la mirada fija en la pared como poseída. Pegaba de alaridos agudos y estridentes hasta quedarse sin aire, berreaba y pataleaba, sin permitir que nadie se acercara a calmarla. No se dejaba abrazar, no permitía que mis papás la tocaran, no era posible tranquilizarla. Chillaba y gritaba con los ojos desorbitados y la mirada fija, como si del papel tapiz fuera a emerger algún monstruo terrorífico… No hacía caso de nada ni a nadie.

Así estuvo por un lapso de una hora, aproximadamente, tiempo durante el cual mis papás no supieron qué carajos hacer, menos nosotros. Mi hermana la mayor tendría 13 años y de ahí para abajo, cuatro chiquillos inútiles y asustados que ahora de adultos aún recordamos el "evento".

De repente la escuincla dejó de llorar (así nos decía mamá: escuincles). Como si nada, se acostó de nuevo en su camita y chupándose el pulgar acomodó su cabecita en la almohada y se quedó profundamente dormida… bueno, en realidad, no se quedó dormida, simplemente continuó durmiendo, porque durante todo el horrible episodio nunca se despertó.

Fue un episodio de terror nocturno. Lo recuerdo tal cual fue y tal cual se describe este trastorno del sueño que quizá te ha tocado sufrir con tus hijos.

Lo recordamos aún; en las sobremesas familiares a veces hablamos de aquello. Digo, lo recordamos todos, menos la protagonista. Ella no se acuerda de nada porque así es el terror nocturno en los niños. El protagonista no recuerda absolutamente nada. No es como con las pesadillas, el terror nocturno es diferente. Lo explicaré a continuación, porque no es tan raro, es importante reconocerlo y saber qué hacer y qué no hacer, para que no te pase lo que nos pasó unos 50 años ha, en el sentido de no tener ni idea de qué ocurre y cómo actuar.

¿Qué son los terrores nocturnos?

Son episodios de terror que suceden durante el sueño. Es decir, cuando el niño está dormido. Esto es importante entenderlo, porque aunque el niño tenga los ojos abiertos, se mueva o mueva las piernas, no está despierto, sino dormido.

Ocurren en aproximadamente cinco de cada 100 niños en edad preescolar y escolar, así que no son raros, por eso es importante que como papás sepamos reconocerlos.

Casi siempre son durante las primeras horas de haberse acostado, de modo que es frecuente que los papás aún estén despiertos.

Inician casi siempre con un grito y luego se desarrollan con manifestaciones inequívocas no digamos de miedo, sino de terror. De ahí su nombre. La respiración se agita, el corazón late rapidísimo y el pequeño suda copiosamente.

Aunque veas que tiene los ojos bien abiertos, el niño no te oye, no te ve, porque está dormido.

Se distingue de las pesadillas en que por la mañana el niño no recuerda absolutamente nada, a diferencia de las pesadillas, que sí suelen recordarse y suelen ser recurrentes.

¿Qué hacer y qué no hacer?

No intentar calmarlo porque se agita aún más. No intentar despertarlo, simplemente quedarse ahí junto a él, esperando que el episodio termine.

No se recomienda cuestionarlo en la mañana o platicarle qué ocurrió, pues esto puede causarle temor al momento de irse a dormir.

Simplemente quedarse a su lado en espera de que vuelva la tranquilidad, no digamos que vuelva a dormir, porque en realidad no se ha despertado.

Si tu hijo tiene algún episodio de terror nocturno, nunca lo vas a olvidar. En mi familia todos recordamos aquel episodio que tuvo mi hermana la menor y fue hace más de medio siglo (cuando mi hermana la menor lea esto se enfurecerá conmigo por andar ventilando su edad).

Pero recuerda que estos episodios, aunque terribles, son inofensivos.

En caso de que se sean muy frecuentes o afecten al niño en su calidad de vida por cansancio, por bajo desempeño escolar, por ejemplo, consúltalo con tu pediatra, para descartar cualquier problema que pudiera condicionarlo.

La "hipersexualización" de la infancia y el robo de la inocencia

La infancia es corta. Sí, dura poco.

Y los niños de hoy tienen la infancia amenazada.

Si visualizamos la infancia como la edad de la inocencia más que como un periodo cronológico, entonces la amenaza es peor.

Es que la infancia, si la vemos no como el periodo que transcurre antes de llegar a la adolescencia, sino como el tiempo de los juegos, de la fantasía, de los sueños, de las aventuras, de la imaginación desbordada, de la inocencia… sí, de la inocencia y de la ilusión, entonces tendremos que aceptarlo: les estamos robando la infancia a nuestros niños.

El niño cree. Cree en los cuentos de hadas, en los superhéroes, en Santa Clós. Cree en la magia y eso está bien.

Es el tiempo en el que puede creer en fantasías y en el que puede tener ilusiones así nada más, por tenerlas. Es su derecho.

Si vemos la infancia como el paso por ese mundo mágico, en el que las niñas son princesas y viven en castillos encantados, en el que los niños son piratas y navegan en las tempestades, o niños o niñas, no importa, son valientes cazadores en la jungla del jardín y el perro es un lobo feroz… Si vemos a la infancia no como un proceso de crecimiento y ganancia de talla, peso y habilidades, sino como la edad inolvidable en que viajamos por los cielos en aquel avión hecho con cajas de cartón, o es acaso sostener con una mano el hilo del papalote que se eleva hasta las nubes, o el recuerdo entrañable de un día de campo en el que vimos un caballo galopando y un halcón elevarse al cielo, entonces tendremos que reconocer que hoy por hoy a los niños les estamos robando la infancia.

Les robamos la infancia al quitarles los espacios para jugar al aire libre, se las escatimamos cuando les llenamos las tardes de tareas y clases de esto y aquello, que si de karate, de pintura, de baile, de natación y de no sé qué, en el tiempo que debería ser solo para jugar, para imaginar.

Se las arrebatamos cuando les ponemos en la mano un celular, que no solo les aniquila la imaginación, sino que se las cambia por imágenes y situaciones vergonzosas, bochornosas, que su cerebro infantil no procesa.

Y peor aún: matamos su infancia cuando los enfrentamos a una sexualidad que aún su cuerpo no ha desarrollado y su cerebro no puede comprender. Cuando los convertimos en miniadultos, los vestimos o los malvestimos con atuendos que pretenden ser provocativos, como esa niña de apenas nueve años en el concurso de belleza infantil, maquillada como cortesana, labios pintados de rojo cereza, tacones, minifalda, mallas de rombos y contoneándose para provocar el deseo… ¿de quién?, ¿de quiénes?

¿Qué perversa sociedad permite a las niñas bailar reguetón o siquiera escucharlo?

¿En qué morbosas mentes cabe la idea de poner a las niñas y a los niños a bailar como adultos en celo?

Hay muchas formas hoy en día de robarles la infancia a los niños. La peor de todas es la hipersexualización.

La hipersexualización a la que estamos sometiendo a nuestros niños los destruye. Aniquila su autoestima al hacerles creer y sentir que es su aspecto, el aspecto de su cuerpo, lo que de ellos vale y lo que de ellos aprecia el mundo en el que viven.

Los enfrenta a frustraciones contra las que no deberían de toparse nunca, y menos en la edad pediátrica.

El adulto maduro y con buena autoestima que sabe qué es y quién es no se sentirá frustrado por no alcanzar el cuerpo atlético del futbolista de moda que sale en todas las revistas y que es admirado por el mundo frívolo de las redes sociales.

El adulto de autoestima baja sí. Él sí se sentirá frustrado. Hombre o mujer, buscará alcanzar ese aspecto inalcanzable de cuerpo perfecto, de rostro impecable y nariz respingada, y se someterá, si tiene con qué, a cualquier procedimiento que le ofrezca parecer. Nunca ser. Ese adulto de vida infeliz, siempre insatisfecho, es el niño aquel al que en su momento le birlaron su niñez.

Someter a los niños a la hipersexualización a la que nuestra sociedad los somete es destruirlos por dentro; es arrancarles el alma y dejarles en su lugar un hueco oscuro, un agujero negro insaciable de elogios frívolos. Es condenarlos a la búsqueda eterna de una imagen falsa, absurda e inalcanzable. Es condenarlos a detestar lo que ven en el espejo.

Los niños no necesitan enfrentar la realidad de los adultos. Por eso son niños y nosotros, sus padres y cuidadores, tenemos el deber sagrado de ser sus escudos, de protegerlos para que puedan volar alto y viajar lejos, hasta la Luna, hasta el infinito y más allá, como el buen Buzz Lightyear, en esa nave espacial que solo se posee en un lapso de la vida, corto pero maravilloso, al que le decimos "infancia".

Démosles valores que sean reales, no aparentes. Así podrán enfrentar en su momento la inevitable frivolidad del mundo en el que viven y hacerse valer, sobre todo ante sus propios ojos. Así frente al espejo podrán ver siempre algo hermoso. Se amarán. Se verán bellos y lo serán toda su vida.

Uso de pantallas (celulares, tabletas, computadoras, televisión, etcétera)

No me gusta ver a los niños con un celular en la mano.

Será porque mi infancia fue muy feliz y nunca tuve uno, por obvias razones. En aquellos días teníamos un televisor a blanco y negro con tres canales nada más y era para toda la familia. La programación empezaba a mediodía y terminaba a las 12 de la noche, o algo así. Recuerdo que mi mamá nos apagaba la televisión para mandarnos a dormir a las 10, y mis hermanos y yo nos quedábamos viendo la pantalla hasta que el puntito luminoso, que quién sabe por qué tardaba en desaparecer, se apagaba por completo. Como no teníamos pantallas, excepto una y muy, muy primitiva, para no aburrirnos teníamos que ocuparnos en otras cosas. Es por eso que mi infancia fue tan feliz.

Pero pedirle a la familia de hoy que reproduzca las condiciones de aquellos años setenta para que los niños sean felices sería absurdo, imposible e incorrecto. Está mal pretender que celulares, internet, la informática y la tecnología son malos. Eso sería estúpido. El que haya celulares al alcance de todos y que la información esté siempre disponible es una maravilla.

El que pretende alejar a sus hijos de las pantallas y de la tecnología se equivoca. Se equivoca porque los aleja del mundo real y los pone en una situación de enorme desventaja.

La tecnología no dará marcha atrás, de eso podemos estar seguros, y mientras más pronto la dominemos, la comprendamos y la utilicemos en nuestro beneficio, mejor.

¿Entonces los celulares no son un obstáculo para el desarrollo de los niños?

No. No lo son.

Si alguno de los lectores que me honran siguiendo mis notas publicadas en Facebook lee esto, me reclamará:

"Pero, doctor, ¡tiene un usted un titipuchal de notas despotricando porque los niños usan celular! ¿Quién le entiende?".

Yo me entiendo, y por eso explico:

Los celulares y el resto de las pantallas son herramientas.

Cuando pienso en una herramienta, suelo pensar en un hacha. El hacha de leñador, al igual que el más sofisticado de los celulares, es una herramienta, y como tal, depende de en qué manos esté lo que se puede hacer con ella. Les pondré un ejemplo: ¿han oído hablar de la Iglesia de la Transfiguración, que está en la isla Kizhi, en el lago de Onega de la Rusia septentrional?

Se terminó de construir en 1714 y es una verdadera maravilla. Tomen ese celular que traen en el bolsillo y busquen en Google… ¿ya?

¿Se fijaron que está tallada en madera? ¿Ya vieron el altísimo grado de detalles y decoración que tiene? No se usó un solo clavo en su construcción y la única herramienta con la que se cortó fue el hacha; así decían los rusos: "cortar", más que construir, cuando edificaban estos portentos, porque la única herramienta que usaban era el hacha. De modo que esta y otras edificaciones rusas de la época fueron cortadas, más que construidas.

Sí, solo con la simple hacha de leñador. Solamente para algunos detalles decorativos se emplearon escoplos o taladros.

El hacha es una herramienta muy simple, pero en las manos adecuadas hace maravillas. Podemos decir entonces que el hacha es una maravilla.

En su simpleza, el hacha es también una herramienta terrible, como podrán imaginar. Otro ruso, ese personaje profundo, oscuro y gigantesco que creó Dostoyevski, Raskolnikov (para seguir con Rusia), la utilizó para descuartizar a dos mujeres.

Probablemente entre el hacha que usó el personaje de *Crimen y castigo* y la que usaron los constructores de la Iglesia de la Transfiguración no veríamos diferencias significativas.

Si usas bien los celulares y las pantallas con tus hijos, pueden ser esa herramienta que les ayudará a construir su futuro, un futuro brillante. Pero si los usas mal serán mucho más destructivos que todas las hachas del mundo.

Y digo: "Si usas bien los celulares y las pantallas con tus hijos", no digo: "Si ellos las usan bien", porque aquí va el primer compromiso: el buen uso de las pantallas por parte de tus hijos depende de ti, y solo de ti. No del niño.

No le darías un hacha bien afilada a un niño, ¿verdad? No obstante, cuando tenga la edad y la madurez, le puedes enseñar a usarla bien. En caso de que sepas usar el hacha, y lo mismo se aplica para el celular.

El celular sin supervisión en manos de un niño o de un adolescente también es un peligro.

¿Cuál es el peligro?

- Retraso en el aprendizaje y habilidades sociales.

Esto dependerá del tiempo en pantalla y del contenido que el niño consuma. Ya está bien demostrado que cuando el bebé y el preescolar tienen acceso a las pantallas antes de los dos años de edad, pueden tener retraso en el lenguaje, en su capacidad de atención, en sus habilidades sociales y en el pensamiento.

¿Te das cuenta lo que implica que tu hijo tenga retraso en su capacidad para pensar? ¿Se capta la gravedad del problema?

Esto sin mencionar la capacidad de atención, la interacción con otras personas y el lenguaje. Mejor dale un hacha, ¿no?, le hará menos daño (es un decir).

Si nos ponemos a pensar un poquito, para lo cual también a nosotros nos hace falta dejar a un lado el celular, este primer punto es cosa seria.

• Problemas del sueño.

Cuando duermes mal, tu cerebro ya maduro tiene problemas para funcionar. Imagínate en el niño o el adolescente. Hace ya algunos años, en Alemania se dieron cuenta de que sus adolescentes, por culpa del celular, dormían siete horas en promedio, y deben de dormir nueve. Alemanes o no, los adolescentes no deben de dormir menos de ese tiempo, porque les causa mal humor, pérdida de memoria, falta de atención, mala conducta escolar y social, bajo rendimiento académico y hasta acné. Sí, acné.

Mucha de la rebeldía de tus hijos adolescentes no es porque sean "pubertos". Es porque no duermen.

¿Y por qué no duermen?

Ya sabes... las pantallas.

Honestamente: darle a tu hijo niño o adolescente un celular sin supervisión es robarle en sueño. Y no se lo está robando el celular, se lo estás robando tú.

• Obesidad.

La epidemia de México.

No es solo el sedentarismo, consecuencia natural de aplastarse en un sillón a ver la televisión, es que mientras ve la tele el muchacho se empaca varios kilos de Cheetos por semana. Más los refrescos y bebidas azucaradas.

- Mal desempeño escolar.

Desde los tiempos de la televisión de mi niñez, aquella de tres canales en blanco y negro, el ver toda la tarde las caricaturas que nos presentaba el tan amable Tío Gamboín (los lectores de mi edad lo recuerdan muy bien) nos quitaba el tiempo para las tareas escolares y las lecturas necesarias para un buen desempeño. Hoy que las pantallas nos tienen rodeados el impacto es mucho mayor.

Antes de cuestionar la capacidad del niño, antes de pensar que estará mal en la escuela, cuenta el tiempo que permanece tu hijo en pantalla. Quizá ahí está el problema.

Quizá el problema está en que mientras hace la tarea está viendo el celular. Te dirá que está consultando acerca de su tarea, pero supervisa. Es muy probable que esté con algún jueguito y por eso la tarea le queda mal o no aprende.

- Mala conducta.

En relación directa con el contenido. El acceso libre a la pantalla, sin supervisión, expone al niño a la violencia descarnada que a todas horas puede encontrar en la televisión, o peor aún, en el celular.

Los *reels* o videos cortos están infestados de contenido violento que el niño no comprende. Se confunde y se angustia.

- Conducta de riesgo.

Enfocados al adolescente, existen en las redes contenidos perversos de todo tipo. Ni se te ocurra pensar que tu hijo no accederá a ellos. Lo hará. Lo hará a menos que tu supervisión sea estricta. Te remito a la definición del Diccionario de la Lengua Española: "Estricto-a: Estrecho, ajustado enteramente a la necesidad o a la ley y que no admite interpretación".

La "ley" eres tú. Tú mandas, tú pagas el celular y tu hijo es menor de edad. La necesidad, y vaya necesidad, es que tu hijo no vea contenido perverso en la pantalla.

Que no acceda a esas páginas que lo incitan a las autolesiones, al consumo de drogas, a los trastornos alimentarios, a la actividad sexual temprana o a los comportamientos sexuales aberrantes, entre otras linduras. Esa es la imperiosa necesidad.

No se te ocurra pensar: "Mi muchacho es muy bueno, él (o ella) no entrará a esas páginas". Si lo dejas sin esa estricta supervisión, no lo dudes, entrará. Que caiga o no en las garras de quienes quieren dañarlo, lesionarlo, violarlo o acabar con su vida es otra cuestión. Eso dependerá de las circunstancias. Claro que no todas las adolescentes que se meten a páginas en las que se promueve la anorexia son anoréxicas. Claro que no todos los muchachos que entran a las páginas en las que se promueve el consumo de drogas las consumen, pero no seas ingenuo: si tu muchacho, ese tan buen deportista, tan buen estudiante, tan cariñoso y tan responsable, es invitado por algún amigo a entrar a algún reto destructivo, estará muy expuesto.

El adolescente no tiene maduro el cerebro. Preferirá quedar bien con sus pares antes que contigo.

Supervisa.

- El *sexteo*, la privacidad y los depredadores sexuales.

"El 'sexteo' es la práctica de enviar imágenes desnudas o semidesnudas, así como mensajes de texto explícitos usando un teléfono inteligente, computadora, tableta, videojuego o cámara digital".

Así lo define tal cual la Academia Americana de Pediatría.

Tus hijos deben entender que lo que suban ahí se queda. Es, hoy por hoy, una de las principales causas de suicidio. El muchacho cuyas imágenes dan la vuelta al mundo no se siente capaz, no se sabe capaz de enfrentar el problema.

Cómo pedirle a una chamaquita de 14 años que se expuso desnuda ante su *crush* y bailando como "teibolera", porque él le pidió una prueba de amor que no iba a compartir con nadie, que regrese a clases después de que ya la vio todo el salón. Y no solo es el salón de clases, pues con un cambio de escuela bastaría, es la ciudad, es el país, es el mundo. No todas lo superan.

La supervisión estricta y la advertencia reiterada, clara y precisa son necesarias. Ya sé que te va a decir que ya lo sabe, sé que se va a enojar, pero tú no dejes de insistir.

Ponle ejemplos; tristemente, abundan.

- Acoso cibernético.

Aunque tu hijo no se meta en problemas, lo pueden meter.

Los depredadores sexuales se multiplican como hongos después de la lluvia. Ten cuidado con lo que tus hijos publican. Ahora peor con la inteligencia artificial. Pueden sacar sus fotos y modificarlas, usarlas como material de chantaje. Habla constantemente con ellos.

Hasta aquí, los puntos que he puesto, son las advertencias que nos da la Academia Americana de Pediatría con respecto a los peligros del celular. A lo largo de mi labor como pediatra los he podido constatar todos. No les ocurre a niños extraterrestres ni a muchachos extraños o siniestros, de esos que están encapuchados y vestidos de negro, con uñas pintadas del mismo color, ojos hundidos y miradas torvas. Les ocurre a todos.

Cómo prevenir:

Tanto en Europa como en Estados Unidos y Canadá (no lo he encontrado en América Latina), desde hace aproximadamente un año, a la fecha que esto escribo, se está recomendando un plan para el consumo digital de la familia.

Dejo la liga, pero recuerden que esto cambia constantemente porque se actualiza: https://www.healthychildren.org/Spanish/family-life/Media/paginas/how-to-make-a-family-media-use-plan.aspx.

- Las pantallas deben mantenerse *fuera de los dormitorios de los niños*. Establezca una especie de "toque de queda de consumo mediático" a la hora de comer y de ir a dormir, colocando todos los dispositivos lejos de su alcance o dejándolos en sus estaciones para cargar dispositivos.
- El consumo mediático excesivo está ligado con la *obesidad*, falta de sueño, problemas en la escuela, *agresión* y otros *problemas del comportamiento*. Restrinja el tiempo para la diversión en frente de una *pantalla* a menos de una o dos horas al día.
- Para los niños menores de 2 años, substituya el tiempo frente a la pantalla por juegos no estructurados e interacción humana. Las oportunidades de pensar de forma creativa, solucionar problemas y desarrollar el razonamiento y las habilidades motoras son más valiosas para el desarrollo del cerebro que el consumo digital estático.

- Participe activamente en la educación mediática de sus niños viendo el contenido junto con ellos y discutiendo sus valores.
- Encuentre opciones para el consumo mediático que sean educativas, o que enseñan buenos valores —por ejemplo, empatía y tolerancia racial y étnica. Elija programación que exhiba modelos de buenas destrezas interpersonales para que los niños las emulen.
- Sea firme con las restricciones de no ver contenidos que no sean apropiados para la edad: sexo, drogas, violencia, etc. *Las clasificaciones del cine y la TV* existen por una razón, y las reseñas en línea de las películas también ayudan a los padres a adherirse a sus reglas.
- El *internet* puede ser un lugar maravilloso para aprender. Pero también es un lugar en donde los niños pueden hallar problemas. Mantenga la computadora en un lugar visible y público de su hogar, para que usted pueda controlar y ver lo que están haciendo sus niños en línea y cuánto tiempo están pasando frente a la pantalla.
- Dígales a sus niños que cada lugar que visiten en el Internet se puede "traer a memoria" y los comentarios que hacen permanecerán allí indefinidamente. Recálqueles que ellos están dejando un rastro o una "huella digital". No deben hacer nada en línea si

no quieren dejar un rastro o un registro por mucho tiempo.

- Familiarícese con las redes sociales populares tales como Facebook, Twitter e Instagram. Considere tener su propio perfil en las redes sociales donde sus niños participan. Al hacerse "amigo" de sus niños, usted puede supervisar su presencia en línea. Los preadolescentes no deben tener cuentas o perfiles en redes sociales. Si usted tiene niños pequeños, usted puede crear cuentas en las redes sociales específicamente diseñadas para niños de su edad.
- Hable con ellos sobre cómo ser buenos "ciudadanos digitales", y discuta las consecuencias graves que tiene el acoso cibernético. Si su niño es víctima del *acoso cibernético*, es importante tomar medidas con los otros padres y la escuela cuando sea necesario. Ocúpese de inmediato de la salud mental de los niños y adolescentes que están siendo acosados en línea y contemple si debe retirarlos de las plataformas de las redes sociales donde ocurre el acoso cibernético.
- Cerciórese de que los niños de todas las edades estén enterados que no es correcto ni apropiado enviar o recibir fotografías de personas sin ropa, o enviar mensajes de texto con contenido sexual a amigos o a gente extraña.

- Revise la muestra o ejemplo del "*Compromiso sobre el consumo mediático de la familia*" sobre contenido en línea.
- Si usted no está seguro sobre la calidad de la "dieta mediática" que se consume en su casa, consulte con el pediatra de sus niños sobre lo que están viendo los niños y cuánto tiempo pasan viéndolo, así como temas relacionados con la privacidad y la seguridad de las redes sociales y el uso del Internet.
- Lo que está en cursivas lo pongo tal cual, tomado de la página Healthychildren, de la Academia Americana de Pediatría.

El niño hiperactivo

Veo muchos niños traviesos en mi consultorio. Eso no tendría por qué tener nada de raro, se supone que la infancia es la época de la vida en la que se hacen las travesuras. ¿O se suponía?

Antes, como ahora, había niños que se pasaban de traviesos, que no se estaban quietos en ningún lado y que le sacaban canas verdes a la maestra de la escuela.

Antes la maestra se tomaba esto con "filosofía", y según sus recursos y sus posibilidades lidiaba (literalmente) con el travieso en cuestión. Digo literalmente porque "lidiar" significa "luchar o reñir con alguien para conseguir algo". De modo que la pobre maestra de antaño apechugaba y se "echaba el round", para conseguir educar.

Ya no. Ahora las maestras cuando tienen un niño travieso se quejan, le hablan a la psicóloga, quien, después de dos o tres minutos de "batallar" con la criatura, decide que es hiperactivo y recomienda metilfenidato (Ritalín).

Con el medicamento, el niño ya no hace travesuras y todos felices.

Lo que no estamos entendiendo es que no todos los niños traviesos son hiperactivos.

No todos los niños que no ponen atención tienen déficit de atención.

No todos los niños que interrumpen al hablar tienen hiperactividad.

No todos los niños que pierden la tarea tienen déficit de atención.

No todos los niños que responden cuando nadie les pregunte tienen hiperactividad.

No todos los niños que no escuchan cuando se les habla tienen déficit de atención.

No todos los niños que hablan hasta por los codos tienen hiperactividad.

No todos los niños que se distraen cuando pasa una mosca tienen déficit de atención.

En resumen: no todos los niños que se comportan como niños tienen déficit de atención e hiperactividad (TDAH).

La mayoría de los niños que llegan a mi consulta con diagnóstico de TDAH no la padecen.

Cuando un niño no pone atención lo primero que se les ocurre en la escuela es que tiene un déficit. No se les ocurre pensar que lo que pasa es que la maestra es tremendamente aburrida.

En la mayoría de los niños que veo en mi consultorio con supuesto TDAH, los que tienen déficit son los adultos que pretenden educarlos. Tienen déficit de paciencia, déficit de vocación o déficit de ganas de trabajar.

Con todo respecto a esos docentes que siguen en la lidia, es decir, luchando para conseguir algo, son muchos los que ya no quieren batallar.

¿Por qué lo digo? Porque lo vivo. Veo muchos niños traviesos en mi consultorio. Niños que llegan con sus padres angustiados porque en la escuela les dijeron que tienen TDAH. Se los ha dicho la maestra, la directora de la escuela o la psicóloga a cargo.

Les cuento de un caso, uno de muchos:

Lo vi hace poco: Tomasito, de siete años. Basta con ver su mirada para dejar claro que el canijo es un travieso. Ojillos que bailan de un lado a otro, pingos, despiertos, divertidos, bromistas.

Me imita cuando yo me muevo y lo hace con gracia, su mamá, apenada, lo regaña, pero le gana la risa. A mí también.

Al revisarlo, todo está bien. Atento a mis órdenes, ejecuta mis indicaciones con precisión pero bailando y exagerando los movimientos. Todo quiere saber y todo quiere tocar. Quiere oír su corazón con el estetoscopio, el de su mamá y el mío. Quería además llevarse el aparato para oír el corazón del gato que tiene en la casa.

—Hace reír a todo mundo, doctor —me explica su mamá—. No se toma las cosas en serio y ya la psicóloga me dijo que urge que le dé medicamentos. Me exigen que vaya con el neurólogo, para que le recete el Ritalín, o algo. Para que se esté serio.

—¿Y para qué quiere que "se esté serio"? —le pregunté.

Luego de pensarlo durante un momento, bajó un poco la cabeza y me dijo:

—Yo no quiero que esté serio, doctor. Yo lo quiero así como es. Pero todos me dicen que tiene TDAH.

Les cuento el caso de un niño de 11 años. Vivió hace muchos, muchos años, en el siglo XIX. Allá por 1846, quizá. También lo conozco y no, no soy tan viejo. Lo que pasa es que es muy famoso, y digo "es" porque los grandes personajes de la literatura nunca mueren…

Se llamaba Tom Sawyer y no se estaba quieto en ningún lado…

Escapaba de la escuela dominical para irse a nadar al Misisipi, andaba de vago por todo el pueblo y no desaprovechaba ninguna oportunidad para liarse a golpes con cualquier mozalbete que se cruzara en su camino.

Tom Sawyer es un personaje que representa la infancia del mismísimo Mark Twain, figura cimera de la literatura estadounidense.

Si en la época de Twain, quien se describe a sí mismo en el entrañable niño inquieto que junto con su amigo Huckleberry Finn volteó al pueblo de cabeza, hubieran existido los criterios de hoy, le habrían dado Ritalín o algo así, y todos lo hubieran señalado como "hiperactivo".

Con la medicación, Tom Sawyer (Twain) quizá se hubiera portado muy bien en la escuela, sentadito, quietecito y sin molestar para nada a la profesora. Sí. Pero no habrían nacido las obras maestras que enorgullecen a la literatura de su patria. Porque sencillamente, si a Mark Twain le hubieran dado medicamentos para el TDAH, Tom no existiría. Lo habrían matado antes de nacer.

Aunque el trastorno por déficit de atención e hiperactividad (TDAH) existe y en algunos casos los medicamentos pueden ayudar, hoy por hoy, al menos en mi país, se sigue calificando de "niño hiperactivo" a todo aquel que "da guerra" en la escuela. Se nos olvida que en la naturaleza del niño está el hacer travesuras.

Aproximadamente entre 5 y 8% de los niños lo padecen y de esos la mayoría pueden tratarse con terapias conductuales.

¿Cómo se diagnostica el TDAH*?*
Con "las pautas de la quinta edición del *Manual diagnóstico y estadístico* (DSM-5), de la Asociación Estadounidense de Siquiatría (American Psychiatric Association) para diagnosticar el TDAH. Este estándar de diagnóstico ayuda a garantizar que el diagnóstico y tratamiento de las personas con TDAH se realice de manera correcta".

Esta cita la tomé tal cual de la página de los CDC, que es el organismo rector para el control y prevención de enfermedades en los Estados Unidos y en el mundo: https://www.cdc.gov/ncbddd/spanish/adhd/diagnosis.html.

No es posible someter a Mark Twain a esos cuestionarios, pero a Tomasito mi paciente sí. No cabe la menor duda: al igual que la enorme mayoría de los niños diagnosticados con TDAH, no la padece, y si le damos Ritalín como lo exigen en su escuela, lo vamos a arruinar.

No solo me preocupa que a los pequeños sin TDAH los estén tratando con Ritalín por el pecado de portarse como niños. Me preocupa además que algunos profesionales de la salud sin escrúpulos estén sometiendo a estos niños a procedimientos caros e inútiles, con la promesa de diagnosticarlos. El TDAH no se diagnostica con mapeos cerebrales ni con tomografías. No se detecta con resonancias nucleares magnéticas ni con electroencefalogramas.

El diagnóstico es clínico. Se hace aplicando el cuestionario que les dejé en la liga, a cargo, eso sí, de un psicólogo especialista en niños, un paidopsiquiatra, un neuropediatra o incluso (según los CDC) también un pediatra capacitado para el caso.

También me preocupa que los niños que sí tienen TDAH no son diagnosticados.

Es nuestra realidad y solo la cambiaremos con conocimiento.

Trastorno de espectro autista

No me cabe duda de que el autismo va en aumento. Ahora hay más casos.

Después de décadas de ejercer la pediatría es algo que se percibe con claridad en la consulta, y no es que antes no se diagnosticara, sino que, efectivamente, antes no tomábamos en cuenta ese diagnóstico, pues los comportamientos del niño con trastorno de espectro autista (TEA) no se veían en la consulta con la frecuencia y severidad de ahora.

Ese niño que parece que no escucha, que no habla, que no nos mira a los ojos, que grita sin motivo (sin motivo aparente, porque él tiene motivos que no comprendemos), que no se deja revisar, que no sigue indicaciones y que nos dificulta enormemente el trabajo de explorarlo, se ve ahora con mucha más frecuencia que décadas atrás. Quizá antes, si nos hubiera visitado un niño así, no sospecharíamos autismo ni se nos ocurriría; supongo que simplemente lo habríamos turnado al psicólogo y en nuestra ignorancia (y nadie se escandalice porque hace 30 años la ignorancia al respecto era brutal) habríamos regañado a la inocente madre por no educar bien al niño y hasta quizá, para cerrar el error con broche de oro, hubiéramos recomendado unas nalgadas. Pero ese no es el caso, porque antes no veíamos niños así. O no llegaban o era muy poco frecuente. En mi experiencia, desde 1994 que empecé a ejercer la pediatría hasta el 2004, por contar 10 años, no recuerdo ninguno. Quizá vi algunos niños con autismo y no los detecté, pero ninguno al grado tal que me hiciera sospechar que algo andaba mal.

Hoy veo al menos uno al mes, y no es porque ahora sepa más del tema, sino que ahora llegan en condiciones que antes simplemente no llegaban. Algo está pasando y no sabemos qué es. Los expertos no saben qué causa el espectro autista y no saben bien a bien qué hacer y qué no hacer para prevenirlo.

Se ha avanzado mucho en el diagnóstico y en el tratamiento. Esperemos que pronto tengamos también avances importantes en la prevención, pero para ello será necesario primero saber qué lo causa.

Sabemos, eso sí, qué no lo causa. La Academia Americana de Pediatría nos lo explica en su página Healthychildren, en una publicación clara, sencilla y confiable, que tiene el obvio objetivo de disipar dudas y evitar confusiones:

Las vacunas no causan autismo. Importantísima aclaración, pues de manera insidiosa y criminal, en un artículo de 1998 un médico sin escrúpulos, cuyo nombre no vale la pena recordar, publicó en una prestigiosa revista médica la existencia de un vínculo entre el autismo y la aplicación de la vacuna MMR (sarampión, rubéola y paperas). El médico en cuestión tenía conflicto de intereses, y aunque muchas publicaciones ulteriores demostraron la falacia, y aunque se demostró que el investigador actuó de mala fe, el daño ya estaba hecho. Todavía hoy lidiamos en la consulta con gente que no quiere vacunar a sus hijos por culpa de un irresponsable. Vale pues la aclaración: las vacunas no son causa de autismo. Ninguna vacuna.

El autismo no es provocado por la familia. Otra aclaración muy válida. No hay una relación entre el autismo y la familia del niño que lo padece. No se relaciona con familias disfuncionales. La calidad de la vida familiar no es un factor demostrable en la incidencia del TEA ni en la severidad del mismo. Liberar de la carga que pudieran tener los padres y demás familiares por el hecho de un niño con autismo es justo, es bueno y es útil, porque en la consciencia de la inocencia es más fácil resolver el problema que con complejos de culpabilidad.

Pero el miedo está ahí, y bien justificado, porque… así como para nosotros los pediatras no hay duda de que hay más casos hoy que antes, las familias también lo perciben. Poca gente habrá que no conozca un niño con TEA. Hace

30 años apenas sabíamos del tema. Muchos nos enteramos por la película *Rain Man*, protagonizada por Dustin Hoffman, quien de manera magistral interpretó a un paciente con TEA en 1988.

Hoy el autismo es más tangible, los padres de familia están más atentos y el problema es que también estamos viendo moros con tranchetes. Por ejemplo:

"Fíjese, doctor, que Tomasito de dos años se da de topes con la almohada antes de dormir", o también: "Mire, doctor: Margarita se le queda viendo al ventilador del techo, ¿no será autismo?", me preguntan.

Ahora pasa que si el niño tarda en hablar, se chupa el dedo, se balancea al estar sentado, se enrosca el pelo, se muerde las uñas o se da de palmadas en la frente, los papás, instigados por la tía Gertrudis, entran en pánico pensando que es autismo. Calma, no es así.

Este tipo de comportamientos son normales y se presentan en 20% de los niños sanos. Se conocen como "estereotipias primarias" y no se relacionan con el TEA, aunque ciertamente ocurren también en el niño que lo tiene, pero el niño no tiene autismo por tener estereotipias.

¿Cuándo sospechar que es autismo?

Cuando hay retraso o falta de algo que se conoce como "atención conjunta".

La atención conjunta es la relación mental que debe existir entre lo que se mira (un objeto o una situación) y una segunda persona. Es necesaria para el intercambio de reacciones emocionales (empatía), y para conseguir lo que se conoce como "interacción social recíproca". Estas habilidades son necesarias para comprender y también para usar (expresar) gestos con y hacia los demás. El niño con TEA tiene dificultades en este sentido; un ejemplo:

Al año de edad, el niño debe ser capaz de voltear hacia algo que le señala su mamá con el dedo y, asimismo, comprender de qué se trata; un pájaro cantando en una rama, por ejemplo. Se espera además que el niño sea capaz de compartir la acción, señalando también al pájaro cantor y reaccionar de alguna forma, con una sonrisa o con asombro.

El niño con TEA suele ignorar estas señales. Pareciera que no escucha. Lo que ocurre es que tiene una atención conjunta deficiente o nula. Y claro, antes que nada hay que descartar si no se trata de un problema de audición.

A partir de los 15 meses la mayoría de los niños ya señalan las cosas que quieren o les llaman la atención. El niño con TEA puede no hacerlo. Si a esa edad en vez de señalar toma de la mano a su mamá para llevarla al objeto que quiere, hay que sospechar autismo, sobre todo si no hace contacto visual.

Al año y medio la mayoría de los niños quieren compartir con los demás lo que les gusta cuando lo ven. Por ejemplo, si ven un juguete atractivo, lo señalan y se cercioran volteando a ver si su mamá también lo ha visto. Son capaces de observar hacia dónde va la mirada de su madre e insisten señalando para compartir la experiencia.

Un niño con TEA puede señalar un objeto, pero será para que se lo traigan, no para "compartir" lo que ha visto.

El niño con autismo también suele tener retraso en el lenguaje, y esto es muy confuso, porque hoy día muchos niños sin TEA también lo tienen, lo que dificulta el diagnóstico en dos sentidos: muchos niños que no tienen autismo son diagnosticados con TEA, y otros que sí lo padecen no son detectados.

En resumen, es un diagnóstico difícil que no está al alcance de papá y mamá. Pero sí está a su alcance sospecharlo y es válido y hasta necesario despejar todas las dudas.

¿Quién hace el diagnóstico de autismo?
Un especialista. Puede ser un neuropediatra, un paidopsiquiatra o un psicólogo infantil que tenga una capacitación especial en el tema. El diagnóstico no lo hará la maestra de la escuela, ni la directora, ni el psicólogo escolar ni el pediatra de la consulta cotidiana, pero todas estas personas deben estar capacitadas para sospecharlo. Los papás deben estar mejor instruidos en el tema, y cuando la sospecha exista, deberá turnarse el caso a un especialista, quien a su vez podrá requerir de un equipo multidisciplinario, tanto para el diagnóstico como para el tratamiento.

¿Cómo se hace el diagnóstico?

Antes les diré cómo no se hace: con vergüenza les digo que mi digno gremio no está a salvo de sinvergüenzas. De estos los hay en todas las profesiones, y la medicina no es la excepción. (Ahí tienen el caso del que publicó lo de las vacunas y el autismo). Debido al evidente repunte que ha tenido el TEA y al temor de la gente, algunos médicos han ofrecido a la población "diagnosticar" el autismo con exámenes paraclínicos onerosos. He visto familias que empeñan su presupuesto para hacerle al niño estudios caros, como el mapeo cerebral (electroencefalogramas), tomografías, resonancias magnéticas y laboratorios invasivos e innecesarios.

El diagnóstico del TEA es clínico. No se necesitan aparatos sofisticados ni exámenes costosos. Se hace con una historia clínica detallada, que incluye el interrogatorio exhaustivo y la exploración física del niño. La herramienta principal es un cuestionario que está publicado y al alcance de todos en las páginas de los CDC de Atlanta y en las de la Academia Americana de Pediatría.

Lo que a continuación les comparto es la más reciente información que nos da la Academia Americana de Pediatría a través de su página Healthychildren:

Les dejo la liga: https://healthychildren.org/Spanish/health-issues/conditions/Autism/Paginas/if-autism-is-suspected-whats-next.aspx.

Por lo general, una evaluación de diagnóstico para TEA incluye:

- Observación cuidadosa del juego y de las interacciones entre el niño y el cuidador
- Historia detallada y examen físico
- Revisión de registros de servicios de intervención temprana anteriores, escuelas u otras evaluaciones
- Evaluación del desarrollo de todas las habilidades (motoras, lingüísticas, sociales, de autoayuda, cognitivas). Se sospecha de TEA cuando el funcionamiento social y del lenguaje de un niño está significativamente más afectado que su nivel general de habilidades motoras, cognitivas y de adaptación
- Prueba de audición. Todos los niños con retrasos en el habla/lenguaje o aquellos que se sospecha que tienen TEA deben someterse a una prueba de audición formal
- Evaluación del lenguaje que proporciona puntajes estandarizados de lenguaje expresivo (incluido el habla y los gestos) y lenguaje receptivo (comprensión del habla y los gestos de los demás). Esto también debe incluir una evaluación del lenguaje pragmático (uso social del lenguaje) y la articulación (pronunciación)

Mi opinión y mi sospecha:

Dado que el TEA es básicamente un problema de interacción humana, y está en un proceso de aprendizaje, y dado que nuestro cerebro tiene periodos críticos para el aprendizaje, me pregunto ¿qué pasa con el cerebro de un bebé cuya madre, en vez de verlo a él directamente a los ojos, cantarle, hablarle, arrullarlo y dedicarle toda su atención, está ocupada chateando en su celular?

No cuento con ningún estudio que demuestre que la falta de interacción humana en los primeros meses de vida tenga alguna relación con el TEA. Pero este incremento tan notable del autismo coincide con la llegada de los teléfonos celulares a nuestra vida y con el auge de las redes sociales.

Y yo no creo en las casualidades.

No sé si el TEA tenga que ver con el hecho de que muchas mamás ya no les ponen la misma atención a sus bebés por estar metidas en la pantalla de su celular, pero no me extrañaría si en un futuro próximo tal relación se demostrara.

El caso es que, por lo que sea, el autismo está presente en nuestra sociedad.

El paciente con TEA está entre nosotros con sus idiosincrasias, sus dificultades, sus habilidades (que son muchas) y su propia visión del mundo, a la que tiene tanto derecho como el que tienes tú de la tuya o yo de la mía. No es un enfermo, no es un discapacitado, no es maleducado, no es distinto. Solo ve las cosas y las circunstancias de manera distinta.

Una sociedad que se precia de incluyente debería empezar por incluir al cien por ciento y sin ambages a quienes tienen autismo.

Es hora de educarnos.

Llegó el hermanito

Para Tomasito, que tiene casi cuatro años, la llegada de su hermano es una situación aterradora.

A su corta edad ya sospechaba que había nubarrones en el horizonte. Su mamá estaba más distante, lo cargaba menos, estaba menos tiempo con él, y a veces incluso lo regañaba.

Habían estado llegando a la casa juguetes nuevos y cosas divertidas con las que no lo dejaban jugar. Se trepó a la cuna nueva que pusieron en el cuarto de sus papás y lo regañaron porque la ensució toda con sus "zapatotes" llenos de lodo. Ni siquiera fue toda, nada más la cobijita, que venía con figuritas de animales. Su propia cobijita, por cierto, no tiene figuras de animales.

Su mamá le dijo que todas esas cosas serían para el nuevo hermanito. Le explicó además que ya iba a tener con quién jugar.

El hermanito llegó al fin.

Pero no lo dejaban jugar con él. Ni poquito. Lo dejaban verlo y nada más, pero no tocarlo. El tal hermanito resultó tremendamente aburrido y además muy llorón. Su mamá lo cargaba todo el tiempo, lo arrullaba, le cantaba y le daba pecho, que le sigue dando. Tomasito pidió chichi también, pero le dijeron que ya no, que ya está muy grandote.

Aquellos nubarrones en el horizonte presagiaban una tormenta que llegó. Ese hermanito es un fastidio y ni siquiera sirve para jugar. Se la pasa dormido, y cuando no, berreando.

Tomasito apenas va a cumplir cuatro años, pero ya percibe que sus problemas vienen de ahí, de esa cunita a la que no lo dejan subir. Así que en la primera oportunidad trepa, ve al niño dormido y ¡pum!, le da un manazo en la cabeza. El bebé llora y… bueno, se arma la pelotera.

Tomasito ya no solo se siente desplazado. Se sabe desplazado. Se retrae, se aísla y no habla. Al fin que el hermanito tampoco habla, y con eso le va muy bien. Pasan los días, las semanas, los meses. El hermanito nuevo sigue siendo el centro de atención. Ayer empezó a gatear y todo el mundo aplaudió, como si fuera un gran mérito. Tomasito sabe gatear muy bien, así que él también gatea por toda la casa, pero nadie lo pela.

Un día llega mamá a la consulta y me dice que Tomasito está insoportable. El insoportable en cuestión está presente y no está sordo. No entiende exactamente qué significa eso de "insoportable", pero le da resultado. Ahora le hacen caso, aunque sea para regañarlo.

Así que se propone seguir siendo insoportable por un buen rato.

Pues bien, aunque sé que ustedes, caros lectores, han detectado el problema desde el principio del relato, no estarán de más algunos consejos, porque este tema del hermanito nuevo y el niño celoso se sigue presentando en la consulta. No soy especialista en esto, ya sé, pero esto se resuelve muy bien con un poco de sentido común y algo de experiencia y así respetamos el tiempo de mis amigos los psicólogos, que seguramente están ocupados en cosas más complicadas.

Veamos...

El hermanito nuevo sí desplaza al anterior. Y más aún si no haces consciencia de la situación. Es aritmética pura, división del tiempo. El 100% de tu tiempo disponible era para Tomasito, si ya tienes dos, ahora será para Tomasito y Margarita, o como quiera que le pongas de nombre. Una división.

El tiempo se divide. Pero eso es en aritmética. En cuestiones de amor y cariño, el dividir multiplica, para desconcierto de los matemáticos.

La llegada del hermanito nuevo, o hermanita (pongámosle Margarita), te demostrará (tanto a mamá como a papá) cómo funciona este milagro de la multiplicación de un activo (el amor) cuando se divide entre dos.

La palabra mágica es *compartir*.

Comparte con Tomasito la atención que le das a Margarita. Y esto puede aplicarse desde la misma lactancia materna. Habrás oído de la lactancia en tándem, ¿no? De hecho, el que continúes dándole pecho a Tomasito facilitará el inicio de la lactancia con Margarita. Ya no es necesario explicar aquí como es que ocurre la multiplicación del amor. Si les das pecho a dos bebés, sobrará la leche.

Comparte también las tareas. Desde luego que Tomasito no debe sentirse ni mucho menos ser responsable del cuidado de Margarita, que ni se te ocurra. Pero puedes hacerlo partícipe. Por ejemplo: si vas a bañar a la niña, dile al niño que te ayude a traer la ropita. Que saque los calcetines y los mamelucos (después arreglas el tiradero). Luego, que escoja el color del vestido o lo que sea… Tomasito estará encantado de ayudar. Se sentirá incluido. Al atender a Margarita tomarás en cuenta a Tomasito y verás que el problema de los celos se resuelve… no del todo, ok, pero sí se resuelve.

Si estás preparando la comida de Margarita, deja que Tomasito te ayude (después limpias el cochinero). Luego cuando le des de comer a la niña y Tomasito te pida de lo mismo, ¡dale! Ningún daño le hará y se sentirá incluido. Come un poquito tú también, que se vea que es trabajo en equipo. Después platícale a papá y a todo mundo que Tomasito es muy buen ayudante. Se sentirá muy orgulloso.

Reparte los abrazos y al mayor multiplícaselos. No te olvides de mirarlo a los ojos cuando te habla, de escuchar y entender lo que te dice y de estar consciente de sus necesidades. Las mamás de antes podían con 15, me consta. Tú podrás con dos o tres, que nuestra especie es la misma.

Pero tú tienes una desventaja grande contra las mamás de antes. Traes celular y te metes a chatear… ten cuidado con eso. El tiempo que les escatimas a tus hijos es irrecuperable.

Y tienes además una ventaja grande que no tenían las mamás de antes. Está papá. El papá de ahora entiende (y si no, ya es tiempo de que vaya entendiendo) que la crianza es de dos. Lo único que no puede hacer papá es dar pecho. Todo lo demás puede y debe. También él tendrá que dejar a un lado el celular.

La importancia de las vacunas

Yo nací en 1963. En ese año murió un niño de sarampión. Empezó con una gripita con mocos, tos seca, luego dolor de garganta. No tardaron en aparecer unas ronchitas de aspecto inocente atrás de las orejas, luego se le inflamaron los ojos. A los pocos días era una conjuntivitis espantosa. Los ojos llenos de pus. Cada día tosía más, tenía fiebre elevadísima y el pequeño no dejaba de toser. Lo hospitalizaron por neumonía, una complicación del sarampión. El pequeño de tres años no estaba vacunado porque en aquel entonces no había vacuna. Luego de 15 días de sufrimiento atroz, murió de encefalitis, otra de las complicaciones del sarampión, pero antes de la piadosa muerte sufrió asfixia por la neumonía casi ocho días. Al fin, la muerte se llevó al angelito. A él y a los miles de niños que en aquel entonces morían de sarampión, pues no había tratamiento.

Todavía no hay tratamiento, pero hay vacuna. Gracias a la vacuna, ya, para fines prácticos, no hay sarampión en

México. Debido a que en nuestro país teníamos un excelente programa nacional de vacunación. De los mejores del mundo.

Desde luego que no todos los niños con sarampión se mueren, solo tres de cada mil niños enfermos que lo padezcan morirán de las complicaciones respiratorias o neurológicas. Pero todos los que se enfermen la pasarán muy mal.

Murió una niña de difteria. Fue en 1946 y no estaba vacunada.

Aquella niña se acostó a dormir temprano, como siempre, después de merendar. Su mamá la arropó, le dio la bendición, el beso de las buenas noches y a dormir. La pequeña había estado con una gripita y se sentía débil. Por la tarde tuvo fiebre, su mamá le dio un té.

Por la noche la niña no podía respirar. Ya ni hablaba y se estaba poniendo morada. Le hablaron al doctor, pero no llegó a tiempo. Cuando al fin llegó, ya estaba muerta.

Así era la difteria. Horrible. Bueno… todavía es, pero ahora, gracias a las vacunas, prácticamente ya no existe.

La difteria es causada por una bacteria que produce una toxina. La toxina mata los tejidos de la garganta y la nariz y produce una membrana gris que ocluye el paso del aire. Si el niño no era diagnosticado a tiempo, podía morir.

La peligrosa difteria todavía existe, pero la hemos mantenido a raya gracias a la vacuna.

Tomás (nombre ficticio, caso real) cojeaba. Casi no podía caminar y hasta la fecha se apoya con muletas. Él no puede mantenerse en pie sin sus aparatos ortopédicos y así ha sido casi toda su vida.

Pero no nació así. Al nacer, en 1959, era un chamaco fuerte y saludable.

Cuando llegó al tercero de primaria hubo una epidemia de polio y él enfermó.

Aunque ya había vacunas, todavía no se conseguía vacunar a toda la población. Después, cuando estudié medicina, me enteré de los esfuerzos casi sobrehumanos que la Secretaría de Salud y las organizaciones civiles hicieron en México para llevar la vacuna hasta el último rincón de nuestro enorme territorio. Pocos, incluso entre los mexicanos, estamos conscientes de lo inaccesibles que son algunas regiones de nuestra accidentada orografía.

En aquel entonces nuestros padres y nuestros abuelos le declararon la guerra a la polio. Tal como en una guerra, con los mapas y las estrategias sobre la mesa, se enviaron brigadas de gente valiente y decidida. Subieron montañas, cruzaron ríos caudalosos, enfrentaron climas extremos, y no estoy exagerando. Barrieron el territorio de casi dos millones de kilómetros cuadrados para llevar la vacuna hasta la última choza de la selva chiapaneca y hasta el abismo más profundo de los insondables barrancos de la Sierra Tarahumara. Y no cobraron.

Lo hicieron gratis, por puro altruismo, motivados por la presencia de aquel enemigo feroz: la polio. La polio mataba a los niños solo después de hacerlos sufrir varias semanas, y los sobrevivientes quedaban lisiados de por vida, como mi amigo Tomás, que no me dejará mentir.

La poliomielitis es una enfermedad causada por un virus. Provoca una parálisis irreversible de las extremidades inferiores y luego sube, causando parálisis de los músculos respiratorios. Era una muerte horrible, con agonía prolongada y dolorosa. Digo "era" porque, gracias a todos aquellos héroes anónimos que décadas atrás le declararon la guerra, para fines prácticos ya no vemos casos de polio en nuestro país.

Pero puede regresar. Puede regresar la polio, el sarampión, la difteria...

Si seguimos descuidando, como lo hemos hecho en los últimos años, los esquemas de vacunación de nuestros niños y seguimos viendo con indiferencia a los antivacunas criminales, veremos de regreso, sin duda, a esos terribles monstruos que las vacunas han conseguido mantener a raya.

Hoy, en el ejercicio diario de mi profesión, veo que muchos niños se nos están quedando sin vacunar.

Acuden al centro de vacunación y hay desabasto. Se les dice que regresen, pero no todos vuelven. La población, inconsciente del peligro, no siempre está dispuesta a regresar por su vacuna. No lo están, quizá, porque ignoran lo terribles que son las enfermedades prevenibles por vacunación.

Todas las enfermedades prevenibles por vacunación pueden ser graves o potencialmente mortales, y para algunas todavía no hay tratamientos efectivos.

Al dejar de vacunar a una persona o a un sector de la población se les da entrada a estos monstruos que nos acechan en silencio. El que no se vacuna no solo se pone en riesgo a sí mismo, nos pone en riesgo a todos.

Es responsabilidad de las autoridades sanitarias de cada país que su población cuente con todas las vacunas posibles.

El gran mural que adorna el vestíbulo de la Facultad de Medicina de Torreón, pintado por el maestro Raúl Esparza, gran artista lagunero y digno representante del muralismo mexicano, tiene en su parte superior una frase que reza: "La única dictadura que soportan los pueblos civilizados es la dictadura sanitaria", frase del doctor Alfonso Garibay Fernández.

Espero que las autoridades sanitarias de hoy se den una vuelta por el vestíbulo de mi facultad y que le den un repaso a la heroica historia de la vacunación en México.

Hoy por hoy en mi país muchos niños que llegan a los centros de vacunación gratuitos regresan con las manos vacías. Sin su vacuna.

"Que no hay", "que no ha llegado", "que hay desabasto". "Que no, porque trae mocos", "que no, porque trae tos o estornudó", que no por etcétera, etcétera.

Esto me consta.

Después de décadas de ser un ejemplo para el mundo en el tema de la vacunación infantil, en los últimos cinco años (escribo esto en el invierno de 2023) los fallos son ya la regla, no la excepción. México está regresando a muchos niños a sus casas sin las vacunas puestas. Es inaudito.

"Vuelva la semana que entra", les dicen… o "el próximo mes".

¿Qué porcentaje de esos niños volverán por su vacuna?

Es difícil responder esta pregunta, pero podemos estar seguros de que muchos quedarán desprotegidos.

Tácitamente, se transmite una idea que para los epidemiólogos es aterradora: "Las vacunas no son tan importantes".

Esa mamá joven que al fin pudo tomarse el tiempo de ir al centro de vacunación perdiendo una mañana de trabajo y que llega al centro de salud, con esfuerzo y cansada, presenta al niño para su vacuna y le dicen: "No hay…".

Quizá no regrese nunca. Y efectivamente, muchas nunca regresan. Después de todo no es tan importante, ¿no? Si a la enfermera esa, que es la autoridad, no le parece tan grave, es que no ha de ser tan grave.

Esa mamá no tiene idea de lo grave que es el sarampión. Tampoco sabe lo que saben los epidemiólogos: al dejar huecos (niños sin vacunar), se debilitan y se rompen los eslabones de las cadenas que contienen a esas terribles enfermedades del pasado, que serán del futuro si seguimos fallando.

Si las autoridades de salud no le dan importancia a la vacunación, la población no lo hará.

Aquella frase de "Todos los niños, todas las vacunas" ya no se escucha y no parece importarle a nadie.

Asuntos del ortopedista

Zapatos ortopédicos, pies planos y pies descalzos

Los niños no son de plastilina.

Antes se pensaba que los niños se podían moldear. Si algo venía chueco, era cuestión de enderezarlo, como al árbol que crece torcido. En los árboles funciona muy bien. Si en el jardín plantas un ciruelo y está creciendo chueco, le pones un palo a un lado, amarras al ciruelito para que vaya creciendo derechito y sí, crece derechito.

Pero los niños no son árboles.

¿Se acuerdan de Forrest Gump? ¿Quién no lo recuerda? De niño tenía las piernas chuecas, de modo que el médico de su tiempo, allá por los cincuenta, con la mejor intención del mundo, desde luego, le puso unos aparatos ortopédicos para enderezar sus pies, que al parecer venían chuecos. Recordarán que cuando Forrest tuvo que correr en serio para huir de las pedradas se liberó de los aparatos. Y vaya que corrió…

En esa escena, quizá sin querer, la película echa al suelo ese antiguo criterio que contemplaba enderezar a los niños como se hace con los árboles. Ya no. No es que no se utilicen aparatos ortopédicos. Los especialistas los siguen usando, pero con otros criterios y de manera muy individualizada.

Con base en los criterios actuales, el zapato ortopédico que todavía se exige en México en la mayoría de las guarderías está, desde hace varios años, obsoleto. Argumentan (a la antigua) que esos zapatos rígidos le dan soporte al tobillo, levantan los arcos caídos y enderezan el pie, en caso de que esté chueco. Quiero suponer que por eso los exigen.

Ahora imaginemos un mecanismo compuesto por 26 piezas perfectamente articuladas con 33 uniones flexibles y estabilizado con más de 100 bandas elásticas. Complicado, ¿verdad?

Tal mecanismo es nuestro pie.

Además, está dirigido por la más maravillosa de las computadoras: el cerebro humano.

A lo largo de millones de años la naturaleza diseñó esta perfecta base de sustentación móvil. Nos mantiene erguidos y en equilibrio y pese a su área muy pequeña comparada con el resto de nuestro cuerpo, los pies son capaces de lograr portentos de equilibrio. Se aferran con éxito a distintas superficies y texturas del terreno y nos dan información de lo que pisamos.

El pie del niño necesita libertad de movimiento para desarrollarse, no estar encerrado en un zapato rígido.

Pero… ¿y si tiene pie plano?

Si tiene pie plano, tampoco. El criterio de los pies planos también se ha actualizado radicalmente. Lamentablemente a mí no me tocó. De niño me diagnosticaron con pies planos y tuve que soportar toda la primaria aquellos zapatos de Frankenstein, pesados y horribles, que no me dejaban correr a la par de los otros niños, además de ser una fuente inagotable de *bullying* (no se llamaba así entonces, pero ya existía). Siguiendo los criterios de antaño, tenía que usar aquellas botas todos los días, toda la semana, todo el mes, todo el año, que porque si los dejaba de usar se me iba a caer el arco. Fueron como 10 años.

Mi mamá que me obligaba a usarlos, y aquel viejo doctor parecido al de Forrest Gump que me los prescribió tenía las mejores intenciones, pero ahora sabemos que estaba mal. Ahora sabemos que la mayoría de aquellos pies planos eran de los "flexibles", se iban a corregir solos, y que los zapatos rígidos con soportes para el arco y las plantillas no solo no eran útiles, sino que podían causar más problemas que los pies planos mismos. Aquí les comparto lo que dice la Academia Americana de Pediatría: Pies planos y arcos caídos, HealthyChildren.org.

De modo que cuando tu tía Gertrudis te diga que le compres zapatos ortopédicos a Margarita o a Tomasito porque ya va empezar a caminar, dile que no y de paso dile que no sea metiche.

Si en la guardería te los exigen, apóyate con tu pediatra. Él podrá dar la orden médica para que le dejen sus piecitos en paz.

Si es posible, lo ideal es que el niño ande descalzo. Tu abuelita te dirá que se va enfermar de gripa, pero lo cierto es que las enfermedades respiratorias son causadas por bacterias que no entran por los pies. Sino por la nariz y por la boca. De cualquier modo, si el piso está muy frío, le puedes poner unos calcetines antiderrapantes. Procura siempre el calzado más flexible y que permita la ventilación del pie. Esos piecitos deben tener libertad.

¿Y LA ANDADERA?

Las andaderas siguen siendo muy populares en México. Es el regalo favorito de la abuela cuando el bodoque empieza a gatear o a ponerse de pie, tambaleante e inseguro pero decidido, agarrado de los muebles y dándose trancazo tras trancazo. El caminar, como todo aprendizaje en la vida que valga la pena, amerita decisión y algunos moretones, nada es gratis. Así aprendemos, así crecemos, y los niños tienen la maravillosa cualidad de empecinarse en lo que quieren.

Pero, decíamos, todavía no camina el niño cuando ya lo andamos trepando en la andadera. Así caminará más rápido y mejor, dice la tía Gertrudis.

Es falso. Tan falso que en los países civilizados estos artilugios o están prohibidos o ya tienen iniciativas de ley para su prohibición, y es básicamente por dos razones. La primera: causan accidentes graves. El niño en andadera no distingue una escalera, no ve ni siquiera que delante de él hay un escalón. Puede caer, y muchos caen, con consecuencias fatales. El niño en andadera llega a donde no debe llegar, alcanza tomacorrientes y se electrocuta, medicinas para el insomnio en el buró de mamá y muere por depresión respiratoria, alcanza el veneno para ratas que estaba debajo del fregadero o se echa en la cabeza el jarrón de porcelana rompiéndose ambas cosas; se cae en la alberca y se ahoga, se quema con el aceite hirviendo del sartén que alcanzó en la estufa... ¿más ejemplos?

Ningún pediatra sensato puede recomendarte la andadera si sabe que es la principal causa de accidentes graves en niños en edad del gateo o de empezar a caminar.

Pero hay otra razón. La andadera causa el efecto contrario al deseado: retrasa el inicio de la marcha. Los niños con andadera tardan más en caminar que los de a pie. Así de simple.

Así que será mejor que tu niño sea un peatón desde el principio, y recuerda que la naturaleza ha tardado millones de años en completar nuestro diseño.

Asuntos del odontólogo pediatra

De los dientes se encarga el dentista. El dentista de niños, de preferencia. Existen los odontólogos pediátricos, y son muy importantes, porque el trato con el niño requiere siempre un toque especial. Ellos lo tienen. Pero como los dientes aparecen en las boquitas de los niños, y a los pediatras nos interesa todo lo que se relacione con niños, también nos importa, también nos preguntan y también nos corresponde orientar. Orientar, dije. A la hora de atender cualquier asunto relacionado con los dientes, ya sabes: es el odontopediatra el que debe de hacerse cargo.

Empecemos con mi tema favorito: la lactancia. Aquí me he metido en algunas broncas (broncas amistosas, si cabe) con algunos odontólogos pediatras, que como a veces andan muy ocupados no se dan el tiempo de revisar a fondo los beneficios de la leche materna, aunque por fortuna la mayoría sí lo hacen.

La lactancia materna no daña los dientes.

Aunque le prolongues la lactancia al bodoque "hasta la universidad…". Bueno, no tanto. Pero me refiero a que si le das pecho a tu niño de cinco años, lo que es perfectamente válido y valioso, es posible que te diga el dentista o alguien más que ya se lo quites, porque al niño se le van a enchuecar los dientes y se le van a picar.

No.

La lactancia materna no causa las caries, al contrario. La leche materna tiene un factor de protección especial contra las caries. Puedes darle pecho al niño con toda tranquilidad, sin preocuparte por las caries, siempre y cuando, claro, la higiene de los dientes se lleve a cabo de manera correcta. Si no, ni con la lámpara de Aladino las evitarás. Lo que pica los dientes es la falta de higiene dental y el consumo de azúcares libres. No la leche materna.

"Ya quítale el pecho a ese niño", te dirá tu tía Gertrudis. "¿Qué no ves que le van a salir los dientes chuecos?". No es cierto. La naturaleza no comete ese tipo de equivocaciones. La acción de amamantar lleva millones de años. Desde los primeros mamíferos que ya andaban escondiéndose en cuevas y recovecos en el periodo Cretácico hace 145 millones de años, la evolución ha tenido tiempo para perfeccionar la lactancia, de modo que a nuestra especie, que apenas tiene unos doscientos mil años de existir (no es nada), el asunto de mamar nos llegó bastante bien perfeccionado. A ningún niño se le enchuecan ni se le enchuecarán los dientes por tomar pecho, así se trate de un niñote que ya camina y juega a la pelota.

¿Cuándo aparecen los dientes?
Primeramente: "No hay niños sin dientes".

Esto lo digo no porque no haya niños sin dientes, que sí los hay, pero es muy raro. La "anodoncia total", una enfermedad genética en la que faltan todos los dientes, es extraordinariamente rara y se acompaña de desarrollo anormal de las uñas y del cabello.

Pero para fines prácticos, si tu bebé no tiene una anodoncia total, sus dientes saldrán. Saldrán a su tiempo. La aclaración es pertinente por la preocupación que manifiestan mis pacientes cuando los dientes se retrasan en salir, y por las leyendas urbanas que quizá has escuchado: "Si a Tomasito no le salen los dientes lo vas a tener que llevar con el dentista para que le abran la encía con un bisturí". Tranquilos, eso no es cierto.

Los dientes llegarán, y aquí sí aplica: "No hay niños sin dientes". Lo que pasa es que la normalidad es muy amplia. Hay niños que nacen con dientes y otros a los que les brotan hasta después del año de edad. Ambas situaciones pueden ser normales, y en ambas es el odontólogo pediatra el que te dirá si es necesario tomar alguna medida.

En promedio, los dientes aparecen entre el cuarto y el séptimo mes. Primero suelen ser los incisivos frontales inferiores, luego los superiores (puede ser al revés), luego los primeros molares, seguidos por los caninos, que son los colmillitos. Así se van poblando las encías.

La salida de los dientes inflama las encías y causa comezón. El niño babea y se pone un poco necio. En algunos casos hasta les da calenturita.

¿Qué no hacer?

No le pongas geles para la comezón.

La Administración de Alimentos y Medicamentos de los Estados Unidos ha advertido que los geles para aliviar la comezón por la dentición en niños menores de dos años no deben usarse.

¿Por qué? Las encías de los bebés y las membranas mucosas de la boca pueden absorber rápidamente los fármacos que tienen estos geles y llevarlos a la sangre. Estos productos tienen anestésicos para aliviar la comezón, como benzocaína o lidocaína, que en pocos minutos puede provocar una condición que se llama metahemoglobinemia, que reduce la capacidad de los glóbulos rojos para transportar el oxígeno y causa dificultad para respirar, mareos, pérdida de la consciencia y a veces la muerte.

Otros productos que presumen ser naturales tampoco son seguros, o porque no están regulados o porque pueden tener efectos secundarios impredecibles.

El viejo remedio del abuelo, aquel de poner tequila en las encías, ni se te ocurra. El nene puede agarrar una guarapeta tal que lo deje inconsciente, sudoroso y con daño en el hígado. A los niños nada de alcohol, nunca. Ni untado, y menos en las encías.

¿Qué sí hacer?

La molestia de los dientes se mitiga con la presión, cuando el niño muerde, y con el frío. Así que una mordedera fría es ideal. Las hay de goma, aunque ahora que estamos contra los plásticos bien puedes hacerla de textiles, como un trapito de algodón que metas al refrigerador.

Puedes hacer paletitas de hielo de leche materna, les encantan. Rascar las encías con el dedo bien lavado funciona muy bien, sobre todo si previamente lo metes en un vaso de agua helada. Por cierto, esto último te dejará un recuerdo indeleble: el de la presión de las encías de tu bebé en tus dedos, verás que es entrañable.

Al final, deberás tener paciencia. Es un periodo durante el cual el bodoque va a andar incómodo, pero al fin pasa.

¿Qué es ridículo?

Los collares de ámbar.

Algunas personas creen que los collares de ámbar mitigan la comezón de los dientes, tan es así, que ya la Academia Americana de Pediatría publicó la advertencia: no sirve para nada.

Suponiendo, sin conceder, que el collar para los dientes que te vendieron en el mercado sea de auténtico ámbar (que los más probable es que sea de acrílico), no le servirá al bebé. Estamos tentados a concederles cualidades mágicas y misteriosas a muchas cosas, al ámbar, al hilo rojo ensalivado que quita el hipo, al pirul y al huevo y a los amuletos de todo tipo. Como pediatra, no me opongo siempre que sean inofensivos. Si alguien cree que una pata de conejo le da suerte, muy su suerte. El problema existe cuando el amuleto en cuestión, en este caso el ámbar, es peligroso. A los bebés no se les debe de poner ningún collar o pulsera, porque son peligrosos. Causan accidentes. Si el collar o la pulserita de ámbar se atora o se engancha por ahí, puede causar ligaduras o ahorcamiento, si se desprenden las cuentas podrán llegar muy fácilmente a la naricita, al oído o a la boca del bebé. El riesgo de asfixia es real, los casos: muchos. Por eso las advertencias de las academias y la prohibición en la guardería.

Que nunca se vaya a accidentar tu bebé por culpa de un collar de ámbar que no sirve para nada y que ni siquiera es de ámbar. No se lo pongas.

De los dientes de leche:

Al octavo mes ríes
con cinco azahares.
Con cinco diminutas
ferocidades.
Con cinco dientes

como cinco jazmines
adolescentes.

El que conozca de poemas, quizá ha visto este fragmento de Miguel Hernández. Y el que no conozca… pues debería, porque la poesía nos humaniza más que ninguna otra cosa.

No existe en la literatura universal una metáfora más bella para describir los dientes de un bebé que la que el poeta alicantino nos ha legado en "Nanas de la cebolla", versos que conmueven hasta lo más profundo del alma.

Los dientes de leche están muy infravalorados.

—Señora —le digo a la mamá de Margarita—, ¡esta niña tiene muchas caries!

—No importa, doctor. Son dientes de leche.

Claro que importa, y mucho.

De la salud de los dientes de leche depende el buen brote y la salud de los dientes definitivos. Al estar cariados pueden provocar otras enfermedades en la boca, como abscesos e infecciones. Es obvio que si los dientitos no están bien, la masticación tampoco, por lo tanto son importantes para la nutrición. Picados se ven horribles, un niño con caries visibles se tapa la boquita al sonreír, eso es un golpe a su autoestima.

Los dientes de leche son importantes para el desarrollo de la mandíbula e indispensables para la articulación de las palabras y el desarrollo del lenguaje. Son un tesoro para el niño y son hermosos, como los jazmines adolescentes. Miguel Hernández lo sabía.

¿Cuándo debemos empezar a lavar los dientitos?
Me dicen mis amigos los odontólogos pediatras que desde que aparecen. Apenas se asome el primer dientito, hay que lavarlo.
Si la pasta debe o no tener flúor o cuánto, varía en cada región. Así que eso habrá que preguntárselo al dentista de niños. A partir de los dos años, siempre con flúor.

Se debe usar un cepillo de cerdas suaves, para niños. La cantidad de pasta a utilizar será la equivalente a medio granito de arroz, es decir, muy poquita. Como los bebés no escupen, esa pequeña cantidad se queda en la boquita y no pasa nada si se la tragan.

Hay que lavar los dientes dos veces al día, al mediodía y por la noche. Cepillando la lengua, los carrillos y el paladar.

El cepillado de los dientes no es negociable y no es el niño quien decide. Es obligatorio, sí o sí. Si empiezas a tiempo será más fácil, pero te anticipo que eso de la higiene dental puede convertirse en una larga batalla que tendrás que librar, hasta que el niño lo haga solo. Serán muchas las veces las que tendrás que levantar de la cama al muchachote de 12 años o mayor con la pregunta de: ¿ya te lavaste los dientes? No hay de otra, es tu chamba.

Las medicinas no son caramelos

Los caramelos no son inofensivos, menos aún las medicinas. El problema es que en nuestro país los medicamentos se venden como si fueran caramelos, y distan de serlo.

No hay medicamentos inofensivos, para fines prácticos.

Tuve un paciente enojado. Hay ocasiones en la consulta en las que el médico tiene que estar alerta. No es solo cuidar al paciente, también es cuidarse a sí mismo. Este señor, papá de un niño que había estado dos días con fiebre, me exigió que le asegurara que el ibuprofeno que le estaba recetando no le haría ningún daño al niño, o yo sería el culpable… Después de la exigencia, una amenaza.

Le dije que el ibuprofeno puede causar problemas gastrointestinales, como irritación del estómago y dolor abdominal, náuseas o diarrea. Que su abuso incluso puede causar úlceras o sangrado. Añadí que no existe ningún medicamento que no tenga efectos secundarios.

El señor me hizo saber que si yo no podía recetarle a su niño medicinas que no hicieran daño, buscaría otro pediatra. Se lo agradecí.

Los médicos prescribimos con mucho cuidado. Particularmente los pediatras tenemos que ser cuidadosos. Aun así, hay ocasiones en que tenemos que suspender medicamentos que hemos iniciado, sea por alguna alergia, sea por intolerancia gástrica o por otras razones. No todos los pacientes toleran bien todos los medicamentos. ¡Recientemente tuve una niña que se rozó de inmediato con la crema de óxido de cinc! Es el compuesto que trae la famosa pasta de lassar, magnífica para las rozaduras del pañal y es componente de la mayoría de las pomadas para las rozaduras.

Pero a esta niña nada más le tocó y la piel se le puso como si le hubiéramos echado aceite hirviendo, se llenó de ampollas. Es alérgica. Su mamá tuvo que buscar cremas que no contuvieran este ingrediente y todo arreglado. La niña está muy bien.

Si los medicamentos aparentemente inofensivos, de venta libre, deben de ser usados con cuidado porque cada persona puede reaccionar de manera diferente, imagina con los que son o deberían de ser de prescripción.

En pediatría, no automedicar debería de ser la regla de oro. En su defecto, para los medicamentos de venta libre, leer bien las etiquetas. Si no somos cuidadosos es facilísimo, pero facilísimo duplicar las dosis, por ejemplo, del tan usado y conocido paracetamol.

¿Sabes que el inocente paracetamol, ese que le das todo el tiempo que para las vacunas, que porque le duele un pie, que porque no se quiere dormir, que porque trae calenturita... puede dañar seriamente el hígado si le das más de lo que debes?

Sí, el paracetamol, que es un medicamento que usamos aun en los niños más chiquitos, es hepatotóxico.

No es para que te asustes. Es para que seas consciente de que todos los medicamentos deben usarse con cuidado. No sean como mi paciente enojado, que exige irracionalmente lo que sencillamente no existe.

Si tenemos cuidado, todo estará bien. Tener cuidado implica saber lo que haces.

Por ejemplo: los medicamentos que se usan y se venden sin receta para la gripa y el resfriado casi siempre tienen paracetamol. Traen algún antihistamínico, que se usa para las molestias de la gripa, a veces traen un antiviral y, claro, paracetamol para el dolor y la calentura. Tomasito tiene catarro, así que vas a la farmacia y le compras su jarabito para la gripa. Pero el mocoso sigue con fiebre (y con mocos, desde luego). Llega tu tía Gertrudis y te dice que le des de ese otro jarabe, que es solo para la fiebre. Se lo das, sin saber que es paracetamol, pero dice acetaminofén. Es lo mismo. Ya duplicaste la dosis.

Moraleja: cuidado con los antigripales compuestos. Es muy fácil que dupliques dosis sin darte cuenta.

Mención aparte requieren las pomaditas que venden al público sin receta en todas las farmacias de México y que contienen corticoides. Hay mil marcas distintas y están en los aparadores como dulces en confitería, con sus bonitas etiquetas de colores. Vienen además de con el corticoide, con algún antibiótico y algún antimicótico (para los hongos). Estas pomadas tienen concentraciones altas de corticoides potentes, que, si las usas en infecciones de la piel o en infestaciones por hongos, son verdaderamente peligrosas. Además, con su uso prolongado, se absorben por la piel y llegan a la sangre causando una enfermedad que se llama "síndrome de Cushing". El Cushing es muy feo, pero aquí no me voy a extender. Estoy seguro de que no quieres que tu niño lo padezca a causa de la pomadita que le compraste en la farmacia por consejo de tu tía Gertrudis.

¿Qué por qué si son tan peligrosas estas pomadas se venden libremente como si fueran chicles? Eso habría que preguntárselo a nuestras autoridades de salud. Pero conformémonos con que lleguen las vacunas, si no es mucho pedir.

También los esteroides sistémicos que se venden libremente en un montón de jarabes, con diferentes colores, sabores y etiquetas, son un peligro.

Estos esteroides, como la dexametasona, la prednisona, la prednisolona y otros, son importantísimos en el arsenal terapéutico de la medicina diaria. Son medicamentos esenciales para salvar vidas, para evitar complicaciones y para mitigar síntomas severos. Son de primera línea en el arsenal terapéutico en salas de urgencias y terapias intensivas. La medicina moderna no se concibe sin ellos. Son oro molido, en manos expertas. Su uso requiere conocimiento y precaución. Jamás le des a tu Tomasito o a tu Margarita jarabitos con esteroides si no te los ha recetado el pediatra.

Qué decir de los antibióticos.

"¡Vengo a que le inyecte al niño algo para que se cure rápido!".

A pesar de tanta información, muchos padres de familia siguen llegando a la consulta de pediatría con estas exigencias.

Se enferma el niño y quieren un antibiótico, y además inyectado. No funciona así.

Primero te diré: en pediatría las inyecciones casi nunca son necesarias. Ponerle a tu hijo piquetes dolorosos no servirá de nada, en primer lugar, porque la infección que trae en la garganta, esa que le causa fiebre, tos, estornudos y mocos, es casi seguramente viral. Y los virus no se curan con los antibióticos. En segundo lugar, y en caso de que sea una infección bacteriana, el antibiótico se lo podrás dar por vía oral. Tomadito.

La creencia de que el medicamento inyectado será más efectivo y más rápido no tiene sustento.

Los antibióticos no se venden sin receta. Pero la gente se las ingenia para conseguirlos, con o sin receta. Ya sabes, vas con el pediatra, te dice que el bodoque tiene gripa. Que se cura sola y que tienes que aguantar siete días con el niño mocoso, necio y con fiebre. Que le des muchos líquidos, su paracetamol y otro jarabito para los mocos, y ya. Pero tú no te quedas a gusto. Además tu tía Gertrudis no para de decirte que ese doctorcito ni sabe nada y que Tomasito lo que necesita es tomar ampicilina, porque la ampicilina es muy buena. Vas a la farmacia esa en donde la consulta es de a gratis y en donde una botarga baila alegremente con el ruidazo de los altavoces que están en la banqueta. Le dices al médico de ahí que quieres que le recete ampicilina al niño. El médico para eso está. Para eso le pagan y por eso la consulta es gratis, o casi gratis. Su trabajo es vender ampicilina y todos los antibióticos que le pidan. Te da la receta y ahí mismo la surtes.

Al niño, con o sin ampicilina, se le quitará el resfriado, porque así son los resfriados. Pero tú te quedarás con la idea reforzada de que la ampicilina es muy buena. Así es como reforzamos en México la creencia de que necesitamos antibiótico para cualquier moco.

Ampicilina, amoxicilina, azitromicina, fosfomicina, lincomicina, ceftriaxona, cefuroxima, cefalexina, eritromicina, amikacina, gentamicina, cefixima, etcétera, etcétera. México es quizá su mejor cliente.

Paremos esto. El daño es enorme. A nivel individual hay daños tangibles. Gastritis, infestaciones por hongos, daño hepático, renal, ocular. Cardiaco.

Sobreinfecciones y qué se yo.

Pero lo peor es el daño colectivo. Los científicos no paran de advertirnos: la resistencia a los antibióticos y las superbacterias que no responden a los tratamientos habituales harán que la pandemia de covid parezca un paseo por Disneylandia, comparado con la pesadilla que se acerca si no paramos el uso indiscriminado de antibióticos. Sencillamente no vamos a tener con qué curarnos y ahora sí que nos va a cargar el payaso.

Ya actualmente, me lo dicen los infectólogos pediatras, la frustración de ver morir a los niños por enfermedades que antes curábamos con cucharaditas es cada vez más frecuente.

A las autoridades de salud les correspondería tomar cartas en el asunto… pero conformémonos con que resuelvan el desabasto de la vacuna de tuberculosis, inexplicable, por cierto.

Enfermedades que seguro llegarán

Gripes y resfriados

En mi país, México, y en general en América Latina, cuando alguien empieza con mocos, tos, fiebre, dolor de garganta, estornudos, cuerpo cortado, falta de apetito, etcétera, no dice: “Me ha dado un resfriado”. No.

A esos signos y síntomas en México les decimos gripe o gripa, nadie dice “resfriado”.

El resfriado común es una infección de vías respiratorias provocada por virus (son varios los culpables). Podríamos decirle también rinofaringitis viral.

Esto crea confusión, porque por gripe lo que en realidad deberíamos entender es “influenza”.

Si consultamos la palabra gripe en la página de Healthychildren de la Academia Americana de Pediatría o en la de En Familia, de la Asociación Española de Pediatría, o en una publicación médica dirigida a profesionales de la salud, por “gripe” veremos que lo que se entiende es “influenza”.

De hecho, si consultamos "gripe" en inteligencia artificial, también veremos que de lo que hablan es de influenza.

Pero en Latinoamérica, o al menos en México, tenemos una confusión. Le decimos gripa a cualquier infección de vías respiratorias superiores, sea un catarro común, o sea influenza. El asunto es que la influenza es más grave y requiere más cuidados. Para la influenza (gripe) hay vacuna. Para el catarro común no hay ni habrá, porque es causado por tantos virus diferentes que es casi imposible hacer una vacuna, además de innecesario, porque el catarro común no es peligroso.

Me referiré primero al catarro común o rinofaringitis aguda, que es la más común de las infecciones de la infancia y de la que seguramente tu hijo se enfermará muchas veces. Después hablaré de la influenza, la verdadera gripe.

Rinofaringitis, catarro común o resfriado.

"Otra vez está enfermo, doctor. ¡Ya me lo regresaron de la guardería!", me reclaman las mamás de mis pacientes y me lo dicen con desesperación. Me piden que haga algo, que les dé vitaminas, que ya le recete antibiótico, por amor de Dios, que le dé algo para las defensas, ¡algo!

Pero no hay mucho qué hacer.

Durante el año los niños se enfermarán de catarro alrededor de 10 veces o más. Y la mayoría de estos resfriados serán desde octubre hasta finales de marzo. Y al revés en el hemisferio sur, digamos entre marzo y agosto.

Si le echamos cuentas, no es difícil concluir que durante el otoño e invierno tu Tomasito y tu Margarita se van a enfermar cada mes. O incluso cada tres semanas. Como en las guarderías no los dejan entrar si están resfriados, obviamente te los van a regresar. Entiendo tu desesperación, entiendo tu reclamo, pero es casi irremediable. Más adelante te diré lo que sí puedes hacer. Primero veamos qué es un resfriado o catarro común:

Es una infección de vías respiratorias altas causada por virus.

Empecemos por ahí: es una infección.

Cuando llegas a la consulta con tu niño con fiebre, lleno de mocos y estornudando, te digo que ya pescó un resfriado. Entonces me preguntas:

—Pero no es infección, ¿verdad?

—Sí. Sí es infección.

—Entonces le va dar un antibiótico, ¿verdad?

—No.

Luego te me quedas viendo con cara de que mejor le hubieras hecho caso a tu tía Gertrudis, que le quería inyectar ampicilina al pobre mocoso.

Un error frecuente en la población es creer que si el niño tiene una infección, será necesario un antibiótico. No es así.

La gripa es una infección que no se cura con antibióticos, porque es causada por virus. Los virus son microbios que no responden al tratamiento con antibiótico.

Los virus que causan la gripa son muchos. Nada más del rinovirus, que es uno de los más comunes, a más de 100 diferentes. Y hay otros, como los coronavirus (hay varios aparte del famoso covid), virus parainfluenza, o el sincitial respiratorio, que merecerá una mención especial.

Por tanta variedad es que el niño se enferma tanto. Sale de uno, regresa a la guardería y atrapa otro, y otro y otro… así, casi todo el año. Ni modo.

¿Y cómo se contagian los resfriados?

Muy fácilmente, y en las guarderías la mesa está puesta.

Al toser o estornudar, incluso al hablar, la persona enferma expulsa unas gotitas pequeñitas de saliva que se quedan flotando en el aire, como un aerosol. Cuando tu niño las respira se contagia. Fácil.

También se contagia de otras formas: si una persona enferma, niño o adulto, estornuda o tose y se toca la boca o la nariz, se lleva el virus a su mano. Luego va y toca la mano del niño que a su vez se toca la nariz y ya está. Ha pescado un resfriado.

Esas mismas gotitas pueden quedarse en las superficies que tocamos y de ahí, al tocarnos la cara, enfermamos. Los niños se chupan las manitas todo el tiempo y se meten los dedos en la nariz para sacarse los mocos, se tallan los ojos y, no sé si te habrás fijado, pero todo lo que le cae a tu bebé en las manos se lo lleva a la boca. Sea la sonaja chupada del niño mocoso de al lado o el biberón. Son muy compartidos, eso sí.

Empieza a tener sentido que se enferme a cada rato, ¿no?

¿Cuáles son los síntomas del resfriado común?

- Secreción nasal o rinorrea. Es decir: mocos. Mocos que al principio son transparentes, pero luego se hacen verdes o amarillos. Por cierto, mamás: mocos verdes no significa antibiótico.
- Congestión nasal. Se inflaman las estructuras internas de la nariz, los cornetes, y el niño no puede respirar bien. Es desesperante, pero pasajero.
- Estornudos.
- Fiebre leve, suele ser leve, raras veces por arriba de 38.9 °C. La fiebre tampoco significa antibiótico.
- Falta de apetito.
- Dolor de garganta y a veces con dolor para deglutir.
- Tos.
- Malestar, el niño andará necio y de mal humor. Tiene derecho.
- Tendrá los ganglios ligeramente inflamados.

En general estos signos y síntomas durarán entre siete y 10 días.

Quedará una tos residual, que no le impide dormir, comer o descansar, con algo de flemita durante una o dos semanas después.

Cuando ya esté bien restablecido, se volverá a enfermar… es desesperante, pero así crecen.

Algunas gripas se complican: si en las anginas del niño se observan placas de pus, es que ya se metió un microbio que no es virus, sino una bacteria, casi siempre un estreptococo, y entonces sí habrá que dar un antibiótico. Por eso a veces es necesario volver a revisar.

¿Cuándo acudir a urgencias o llamar al pediatra?

- Si el bebé tiene tres meses o menos. En estas edades los síntomas no son claros. El bebé es más vulnerable y un resfriado común puede confundirse con cosas más graves, como una bronquiolitis (de la que hablaremos adelante), por ejemplo. Además, el deterioro de un bebé de esta edad puede ser muy rápido, así que el tiempo es oro.
- Si hay dificultad respiratoria. Si ves que las fosas nasales "aletean", es decir se abren con cada respiración, o ves que se hunden los espacios entre las costillas, o el niño respira muy rápido.
- Si observas color azulado en los labios o en las uñas.
- Si la tos lo hace vomitar o le impide comer, dormir o descansar. Si la tos se presenta cuando el niño hace ejercicio.

- Si le duele el oído.
- Si la fiebre lleva a 39 °C o más.
- Si está muy somnoliento.

En general, un resfriado común no dura más de siete días, si se prolonga es conveniente revisar.

Tratamiento:

No hay. Suena drástico, pero no hay.

Cuando llega durará lo que tenga que durar. Ojalá hubiera un jarabe que le diéramos al niño y el resfriado se quitara.

Veo con cierta frecuencia a alguna mamá enojada, que me dice que le dé algo al niño, porque ya le dio gripa e iban a viajar a Mazatlán o a no sé dónde, así que necesita que lo cure rápido. O aquella que me exige que le dé algo, o mejor, que le inyecte algo, pero para ayer, porque va a ser su cumpleaños y no quiere cancelar la fiesta.

Los pediatras lo sentimos mucho, estimadas mamás exigentes, pero no podemos curar la gripa. Tendrás que cancelar la piñata o suspender tus vacaciones. Recuerda que tus papás lo hicieron por ti. Así es la vida.

Por cierto, la opción de irte a la consulta gratuita de la farmacia para que el médico de ahí te recete unas inyecciones de ceftriaxona no te la recomiendo.

No podemos quitar el resfriado, pero sí lo podemos hacer más llevadero.

Mantener al niño muy bien hidratado ayuda a que se sienta mejor, se pueden hacer lavados nasales y se le puede dar un analgésico o antipirético recomendado por el pediatra. Casi siempre paracetamol en los menores de seis meses, o ibuprofeno, si es mayor de esa edad. El paracetamol puede usarse desde luego en niños mayores.

Cuidado con duplicar las dosis al usar los medicamentos que se venden como antigripales para niños, los cuales, por cierto, no son aconsejables, pues no han demostrado su eficacia. No lo digo yo, sino la Academia Americana de Pediatría. Les dejo la liga: https://www.healthychildren.org/Spanish/health-issues/conditions/chest-lungs/Paginas/Coughs-and-Colds-Medicines-or-Home-Remedies.aspx.

Prevención.

Es inevitable que tus hijos enfermen de catarro común, a no ser, claro, que te los lleves a vivir a otro planeta en el que no haya virus, pero todavía no estamos preparados para eso. Sin embargo, hay cosas que sí puedes hacer.

Estas recomendaciones son útiles para el resfriado, la gripe (influenza), bronquiolitis, covid, crup, y todas las enfermedades que entran al organismo por el tracto respiratorio superior. Es decir, la boca y la nariz, principalmente.

Lo mejor es que los niños menores de seis meses no tengan contacto con personas enfermas. El virus que provoca un catarrito leve en un adulto o en un niño grande puede causar una enfermedad más grave en un bebé. Ten eso en cuenta.

Considera que no todos los adultos con gripa tienen la precaución de no ir a la reunión de Navidad en donde están tus hijos.

El cubrebocas protege. Si estás enfermo póntelo. El cubrebocas que mejor protege del contagio es el que usa el portador del virus. Las autoridades de salud, independientemente del covid, deberían hacer una campaña para concientizar acerca del uso adecuado del cubrebocas. Ese pequeño pedazo de tela desechable de verdad que podría marcar diferencias. Si tienes que llevar a tus hijos a un lugar con aglomeraciones, sobre todo si es un lugar cerrado, no lo dudes, ponles cubrebocas bien puesto. La pandemia demostró que los niños usan el cubrebocas mejor que los adultos irresponsables.

Lávales las manos con frecuencia y enséñales a lavárselas. Recuerda que los virus llegan a sus manitas y de ahí a las vías respiratorias, al tocarse la cara.

Por lo tanto, enséñales a tus hijos a no tocarse la cara.

Enséñales también a toser y estornudar lejos de otras personas y a taparse la boca y la nariz con el hueco del codo. Lo aprenden bien rápido.

Dales una dieta balanceada con abundantes frutas y verduras.

Mantenlos bien hidratados, con agua natural, y desde luego con leche materna.

Si puedes y quieres prolongar la lactancia, ¡adelante! Confiere protección específica contra muchas enfermedades, independiente de la edad del niño, aunque sea un niñote de cuatro años o más. Lo sigue protegiendo.

El ejercicio, de preferencia al aire libre, ayuda. Pueden salir aunque haga frío. El aire fresco del parque no enfermará a los niños, sino los virus que pululan en un espacio cerrado y lleno de gente tosiendo.

Lo que no sirve:

Las vitaminas que te venden en la farmacia para que el niño no se enferme no sirven. Sí se enferma. Se enferma igual que los niños que no las toman, pero con la desventaja de que como le estás dando esas vitaminas buenísimas y bien caras que te recetó tu tía Gertrudis, te quedas con una falsa sensación de seguridad. No estás protegiendo en absoluto. Por otro lado, con aquel criterio absurdo de que "mientras más, mejor", no son infrecuentes los niños intoxicados con productos vitamínicos de la farmacia. Esas vitaminas tan bonitas con etiquetas de colores, jirafitas para hacerte creer que crecerá más grandote, leoncitos y demás animalitos simpáticos, no son inofensivas.

Todas las vitaminas que un niño sano necesita están en una dieta balanceada.

Los productos que ofrecen fortalecer las defensas del niño (su sistema inmunológico) y que se venden muy bien sobre todo en el invierno, tampoco han demostrado su eficacia y también te dan una falsa sensación de seguridad. Son caros, eso sí.

Esos productos reportan excelentes en sus propios estudios, pero en estudios que estén libres de conflictos de interés, no.

Bronquiolitis

En el 2022, cuando al fin la pandemia nos daba un respiro, hubo algunas noticias alarmistas (e irresponsables) que difundieron la información de un virus nuevo... un tal VSR, que se estaba convirtiendo en epidemia y que los niños estaban en peligro. Atendí pacientes que llegaron "apanicados" por el nuevo virus. Me tardé más de una hora en tranquilizar a una de mis pacientes, que estaba en *shock*, porque en la guardería de su bodoque habían detectado al VSR. No es la primera vez que rumores, noticias falsas o posverdades causan alarma en la población.

El VSR (virus sincitial respiratorio) siempre ha estado con nosotros. Es, entre otros virus, el culpable de la bronquiolitis; una enfermedad respiratoria de la que difícilmente escapará tu bebé. Casi todos los niños la padecerán al menos una vez, antes de cumplir los dos años.

Como en la pandemia los niños estuvieron encerrados por mucho tiempo, sin acudir a estancias infantiles ni guarderías, la incidencia de bronquiolitis disminuyó notablemente. La bronquiolitis se contagia igual que un resfriado. Si el niño no se expone a contagios, pues no se contagia.

Pero al terminar la pandemia la bronquiolitis regresó, tan campante como siempre, y sigue con nosotros. Tan campante como siempre.

¿Cómo es la bronquiolitis?

Al principio como un resfriado común, como un catarrito.

Mocos, tos, fiebre, congestión nasal, estornudos. Pero en algunos casos se complica. El niño empieza con dificultad para respirar, porque la enfermedad ataca los bronquiolos, por eso se llama bronquiolitis.

Aquí aprovecho para hacer un paréntesis:

Siempre que veas el sufijo *itis* en medicina, lo que quiere decir es "inflamación". Es decir, que algo está inflamado. Ya sabes, a los médicos nos encanta usar palabras raras, pareciera que para que nadie nos entienda, pero la verdad es que el uso de esos términos, que vienen del griego y del latín en su mayoría, facilitan mucho que nos entendamos entre nosotros mismos. No quiere decir que seamos los médicos unos pedantes (que vaya que a veces sí), ni que queramos crear confusión, es para hablar el mismo idioma en todos lados. Si ves hepatitis, es que el hígado está infamado; si ves rinitis, es que la nariz está inflamada; si ves bronquiolitis, es que los bronquiolos están inflamados. Una vez develada una de las claves secretas de la medicina, continuemos...

Los bronquiolos son los bronquios más chiquitos, pequeñitos, que están al final del árbol respiratorio. Se inflaman porque están infectados. Las infecciones causan inflamación. La inflamación hace que se llenen de moco (igual que la nariz, cuando hay rinitis se llena de mocos). Esos mocos en los bronquiolos ocluyen el paso libre del aire que el bebé respira, sobre todo durante la espiración, que es la salida el aire. El pulmoncito está lleno de aire atrapado y no hay un adecuado intercambio gaseoso. El oxígeno no se renueva. El niño no respira bien. Ese es el peligro de la bronquiolitis que empezó como un inocente catarrito.

¿Y cómo te darás cuenta?

La dificultad para respirar da señales. Señales que tú puedes reconocer, aunque no seas médico. A esas señales, los médicos les decimos "signos y síntomas".

Reconocerás lo anormal, si conoces lo normal. Si ya sabes que tu bebito tiene catarro, lo notaste porque se le congestiona la nariz, anda necio, tiene fiebre, come menos, estornuda y tiene tos... entonces observa bien su respiración. Esta la puedes observar en la nariz, en el pecho y el abdomen.

¿Has observado cómo respira el bebé cuando está sano? Probablemente no. Casi nadie lo observa. Bien, pues obsérvalo. Quítale toda la ropa, déjalo en puro pañal. Acuéstalo boca arriba. Como está sano, de seguro está sonriendo, juguetón, gorjeando feliz como un pajarito y haciendo burbujitas de saliva. En eso es en lo que te fijas porque es encantador, y estoy de acuerdo, pero ahora quiero que te fijes en otras cosas:

Ve cuidadosamente su nariz. Verás que cuando respira no se mueve. Sus orificios nasales no se abren ni se cierran en cada respiración. Ni siquiera cuando llora ni cuando se carcajea. No "aletean".

Cuando tiene dificultad para respirar, las fosas nasales se abren y se cierran. Se llama "aleteo nasal".

Observa el hueco que está en el cuello, por encima del esternón. Le decimos hueco supraesternal. Cuando respira no se hunde. Si tiene dificultad respiratoria, puede hundirse. Es la retracción supraesternal.

Observa el pecho y la velocidad con que se mueve. En un bebé de un año el número de respiraciones por minuto (frecuencia respiratoria) será de aproximadamente 25. Acostúmbrate a ver la frecuencia respiratoria del bodoque cuando está sano y feliz. O enojado, pero sano.

Si tiene dificultad respiratoria, la frecuencia será mayor a la habitual. Aunque también la fiebre aumenta la frecuencia cardiaca.

Observa cómo se mueve el pechito. Verás que el espacio entre sus costillas no se hunde. En el niño con dificultad respiratoria, sí. Se llaman "tiros intercostales".

Fíjate en el la boca del estómago. Verás que no se le hunde en cada respiración. Cuando se le hunde tiene "retracción xifoidea", y es un signo de dificultad respiratoria.

¿Y el abdomen?

Verás que en el niño sano el abdomen no se mueve nada o casi nada cuando respira. Con dificultad respiratoria sí. Se mueve y se observa un hundimiento en donde terminan las costillas y empieza el abdomen. La pancita se sube y baja en cada respiración. Se llama "disociación toracoabdominal".

Esas son las señales que tú puedes detectar. Indican que el catarrito de tu bebé no es un simple catarrito. Quizá una bronquiolitis o una neumonía. No esperes. Acude a buscar atención médica de inmediato.

Entonces ¿la bronquiolitis es grave?

No siempre. De hecho, casi nunca. La mayoría de los niños con bronquiolitis pueden ser atendidos en su casa. Solo 3% requieren hospitalizarse. En el hospital se les administra oxígeno, se les mantiene bien hidratados con una vía intravenosa por la que se les administra líquidos o medicamentos, según sea el caso.

En casa, tu pediatra te dirá qué hacer, porque cada caso es distinto. Pero en general el tratamiento consiste en mantener al niño bien hidratado, facilitarle la respiración con lavados nasales y medicamentos para controlar la fiebre y el malestar, casi siempre paracetamol o ibuprofeno. Será útil que tengas un nebulizador, porque muy probablemente te prescribirán nebulizarlo. Los antibióticos no son necesarios, porque la bronquiolitis es viral, aunque el pediatra puede prescribirlos si se presenta una complicación bacteriana.

¿Cuánto dura la bronquiolitis?
Alrededor de una semana. Pero debes de saber que una vez que pasa el bodoque seguirá con tos durante algún tiempo. Esto es variable, pueden ser días o semanas. No te desesperes y sigue en contacto con el pediatra.

Ahora, ve y ponte a observar cuidadosamente la respiración normal de tu bebé.

¿Hay vacuna?
Vacuna propiamente dicha, no. Pero hay algo muy similar y sirve para lo mismo: se conoce como "anticuerpo monoclonal". Es una inmunoglobulina específica contra el virus sincitial respiratorio. Es decir, un anticuerpo que se inyecta directamente para que combata al virus.

La diferencia con una vacuna es que estas son virus muertos o atenuados, o partes del virus, que son reconocidas como "enemigos" por nuestro sistema inmunológico, y este prepara anticuerpos para combatir al invasor.

En el caso de la bronquiolitis lo que inyectan es un anticuerpo ya "hecho y derecho" que protege al paciente durante un tiempo, mientras dure la temporada del VSR.

A los mexicanos se los comento como cultura general. Ya nos conformaríamos con un abasto estable de vacunas contra la tuberculosis y las demás de la cartilla. No hay, ni se ve para cuándo habrá en nuestro país.

Suerte para los demás.

Crup, laringitis o laringotraqueitis

Este es el diagnóstico que los pediatras solemos hacer por teléfono.

Principalmente en la temporada de invierno, no es raro recibir una llamada a altas horas de la noche y escuchar del otro lado de la línea la voz de una mamá desesperada y el claro sonido de lo que parece ser una foca ladrando fuertemente a un lado.

La foca que ladra es el niño con crup y la mamá está desesperada por lo mismo.

Si se fijan, el crup también se llama laringitis o laringotraqueitis.

Si leíste el apartado anterior, sabrás que se trata de la inflamación de la laringe, o de la laringe y la tráquea.

La inflamación se debe a una infección (recuerda, las infecciones inflaman). Y la infección se debe a un virus.

¿Y la foca?

El sonido de foca tosiendo o ladrando, que conocemos como tos de perro, o de foca, y al que los médicos le decimos tos traqueal o tos metálica, se debe a que la inflamación está en la laringe, y es ahí en donde están adosadas las cuerdas vocales. Que por cierto, son "vocales", de voz, y no "bucales", de boca. No están en la boca, sino más abajo, justo donde tenemos la manzana de Adán.

Las cuerdas vocales producen el sonido de nuestra voz cuando vibran (como cuerdas de guitarra) al paso del aire a través de la laringe.

Si las cuerdas están inflamadas producen ese sonido característico de foca o cornetita, que oírlo por teléfono nos da el diagnóstico. Además el niño está ronco por lo mismo (disfónico), o de plano se queda sin voz (afónico).

El virus culpable en este caso es uno que se llama parainfluenza, aunque hay otros, como el VSR (mismo de la bronquiolitis), o el de la influenza.

Para el caso es lo mismo, porque se trata igual, sin antibióticos, porque es viral. Pero luego vemos lo del tratamiento.

Primero veamos qué pasa.

La laringitis empieza como un catarrito común y corriente. Ya sabes, fiebre, tos, mocos, estornudos, etcétera.

Pero luego el virus, además de inflamar la nariz y la garganta, inflama la laringe.

La laringe es un tubo a través del cual pasa el aire que respiramos y en donde, ya dijimos, están las cuerdas vocales. El problema no es la tos de foca, ni que el niño se quede afónico, sino que por la inflamación el aire no pasa y viene la dificultad respiratoria. El niño no puede respirar bien porque el calibre de la laringe está disminuido por la inflamación. El paso forzado del aire puede producir una especie de ronquido, que conocemos como estridor laríngeo.

Mamá tiene toda la razón en angustiarse. En rara vez, la laringitis puede ser grave, porque de plano el niño no respira.

¿Qué hay que hacer?

Tradicionalmente y por muchos años se ha recomendado el vapor, las nebulizaciones, el aire frío y húmedo e incluso sacar al niño al frío de la noche invernal.

En otros tiempos no era raro que el pediatra sugiriera poner al niño a respirar dentro del congelador.

Hoy esas prácticas ya no se recomiendan. No porque le hagan daño al niño, sino porque no hay estudios clínicos concluyentes que demuestren que estos métodos sean efectivos.

De modo que la recomendación actual para qué hacer y qué no hacer en casa es más limitada: abrazar al niño para calmarlo, porque el estrés aumenta la dificultad respiratoria, incluso cantarle su canción favorita o darle un juguete que le guste.

Eso es lo que se recomienda, por ejemplo, en la página Healthychildren, de la Academia Americana de Pediatría, quienes no publican algo si no hay evidencia científica de que funcione.

No obstante, a lo largo de los años y al menos para mí, aunque no cuento con ningún estudio, ha sido evidente la mejoría de estos niños al nebulizarlos, al ponerlos a respirar el vapor de la ducha o al respirar el aire frío de la noche.

En la página En Familia, de la Asociación Española de Pediatría, que comparte los criterios europeos de la Academia Europea de Pediatría, estos métodos sí se recomiendan.

A mis pacientes, cuando me llaman por un cuadro de crup con foca incluida, yo les sigo recomendando nebulizar o en su defecto el humidificador o el vapor.

También en ocasiones el uso de medicamentos nebulizados o por vía oral debe individualizarse en cada caso y ser prescrito solo por el pediatra del niño.

¿Cuándo ir a urgencias?

Si vemos signos de dificultad para respirar.

Si presenta "estridor", un ronquido forzado estando en reposo.

Si tiene salivación o babea y no puede tragar saliva.

Si se le ven los labios o las uñas de color azul.

Si no puede hablar porque le falta la respiración.

Ya en el hospital o en el área de urgencias, los médicos darán tratamiento con epinefrina (adrenalina) y/o esteroides. La respuesta al tratamiento suele ser muy rápida, incluso espectacular.

El crup, por ser un padecimiento viral, no se trata con antibióticos, salvo que esté complicado con algún proceso bacteriano, de modo que no lo automediques. Las típicas inyecciones de ceftriaxona que sugiere tu tía Gertrudis no son una buena idea.

Por otro lado, si quieres que este o cualquier otro padecimiento se agrave y ponga en riesgo a tu pequeño, es fácil: fuma o vapea. Está bien demostrado que estas dos prácticas complican cualquier enfermedad respiratoria de los niños que se exponen a las sustancias tóxicas de los cigarrillos electrónicos y al humo de tercera mano, pero de eso hablaremos en una sección aparte.

Tabaquismo y cigarrillos electrónicos

Margarita no dejaba de toser. Era una tos persistente, constante, molesta. Le diagnosticaron bronquiolitis y entró al hospital. Mejoró en tres días, la dieron da alta, volvió a casa y a las pocas horas empezó a toser de nuevo.

El calvario de Margarita duró meses, con remisiones y exacerbaciones de la enfermedad, entradas y salidas a urgencias y hospitalizaciones.

Era una tristeza verla de nuevo, tosiendo y batallando para respirar, con su jirafita de peluche en sus brazos adoloridos de tanto piquete. Se aferraba a su jirafa como pidiendo auxilio, pues sabía que venían nuevos piquetes...

La vieron neumólogos pediatras, alergólogos, otorrinos, le hicieron exámenes para descartar enfermedades raras, como la fibrosis quística, le hicieron de todo... y nada. Margarita seguía mal.

Su pediatra revisó (por enésima vez) su historia clínica. Ese instrumento de diagnóstico único e insustituible sin el cual los errores se multiplican.

—¿De verdad nadie fuma? —volvió a interrogar el pediatra—. ¿Nadie en el entorno de la niña fuma?

—De veras, doctor. Nadie.

Su hermano mayor, de 15 años, que a la sazón ese día acompañó a la consulta, desvió la mirada, y luego se quedó viendo sus zapatos. El gesto no le pasó inadvertido al doctor.

—¿Tú fumas? —le preguntó directamente. Más que una pregunta, era una afirmación.

Tardó en contestar.

El muchacho inconsciente fumaba. Bueno, no fumaba, vapeaba. Por eso nadie detectaba el olor.

El vapor de los vapeadores o cigarrillos electrónicos, está demostrado, tiene nicotina y sustancias químicas tóxicas que se comportan igual que el humo de tercera mano de los cigarrillos convencionales.

Esas sustancias se quedan en la ropa, en las cortinas, en las alfombras, en los muebles de la casa. El chamaco irresponsable vapeaba a escondidas cuando nadie lo veía. Margarita, su hermanita de dos años, es alérgica a los venenos (veneno y toxina son sinónimos, así que no hay exageraciones aquí). Por eso la niña estaba siempre mal.

Ya no se necesitaron más exámenes ni más especialistas. Se evitó que el muchacho vapeara y la niña no volvió a enfermarse. Bueno… ahora se enferma de catarro y tos, como todos los niños del mundo, pero no acaba en el hospital cada semana.

Para la salud no hay atajos.

Cuando salieron al mercado esos nefastos cigarrillos electrónicos la publicidad y su éxito inicial se debió a que prometían no ser dañinos. Ahora sabemos que sí lo son. Y mucho.

Ese fue su éxito inicial. Su éxito actual estriba en que son aún más adictivos que los cigarrillos convencionales.

Hoy sabemos de muchos, muchos casos de personas con enfermedades graves y permanentes (cáncer y enfermedad pulmonar obstructiva crónica) que no fumaron nunca, pero que estuvieron expuestas al humo de segunda o de tercera mano. Lo mismo ocurre con los cigarrillos electrónicos.

Para la salud no hay atajos.

Si queremos evitar los estragos para la salud que significa la exposición al cigarrillo, tenemos que evitar cigarrillos electrónicos también.

De los cigarrillos normales, los que se queman con cerillos o con encendedor y apestan, ni hablar. Pero esos tienen la "ventaja" de que no son lobos con piel de oveja y fumarlos está prohibido ya en casi todos lados. Los electrónicos no. Ojalá que pronto.

Tres signos y síntomas de los más comunes del niño, una guía para su interpretación

Me pregunto qué porcentaje de las consultas en pediatría son por culpa de estos tres síntomas: fiebre, mocos y tos.

No lo sé, pero sí sé que sin esos síntomas la pediatría no sería negocio.

Habrá que entender que los niños viven en el mundo, y este mundo tiene vientos con polvo y contaminación, tiene cambios de temperatura, tiene virus y bacterias y tiene otros niños, además de los tuyos, que se encargan de repartir generosamente esos microbios para que todo el mundo los comparta… si pudiéramos ver con nuestros ojos todos los agentes agresivos a los que se enfrenta un niño chiquito por el solo hecho de estar vivo, nos sorprenderíamos. Cada niño que anda por ahí tosiendo y todo mocoso es un portento de la evolución. Por cada ocasión que tu Tomasito o tu Margarita caen con fiebre, implica que han vencido a cientos, quizá miles de agresiones entre calentura y calentura. Por fortuna, cuando tus hijos llegan al mundo vienen equipados con todo para sobrevivir. Parte de ese equipamiento son los mocos y las flemas, la tos y, desde luego, la fiebre. Son, digamos, una primera línea de defensa. Luego viene un sistema inmunológico tan completo, tan complejo y tan maravilloso que apenas estamos empezando a comprender. Bueno, lo están empezando a comprender los científicos que vuelan muy alto en las cumbres de la investigación, ante quienes nosotros los clínicos de a pie debemos inclinarnos con respeto.

No hablaremos aquí de la complejidad del sistema inmunológico, pero sí de una primera línea de defensa: los mocos, luego la tos y por último la fiebre. Esos tres síntomas que se encargan de llenar la consulta del pediatra.

Antes de hablar de los mocos les quiero hablar del alvéolo, porque así podremos dimensionar mejor la importancia de esa pegajosa sustancia que tanto odias ver en la naricilla del bodoque.

Desde que estudié mis primeros años de medicina quedé fascinado por el alvéolo. Es la unidad funcional del pulmón. Es decir, es en donde realmente se lleva a cabo la respiración. Pasamos nuestra vida entera respirando sin preocuparnos por hacerlo, inconscientes de que en cada inspiración y espiración ocurre un velocísimo intercambio gaseoso entre el bióxido de carbono y el oxígeno. Es la vida misma. Retén durante un minuto la respiración, si puedes, y verás a qué me refiero.

Por culpa de la pandemia quizá ahora estemos un poco más conscientes de la importancia de la concentración de oxígeno en nuestra sangre y lo que ello significa. Muchos tenemos un oxímetro de pulso en casa y ahí vemos que tenemos 98 o 95%, es variable. En algunas personas es menos y están perfectamente bien. Pero sabemos que si baja más allá de los niveles que maneja cada quién, hay bronca, y grave. Bueno, pues el encargado de mantener esa saturación en esos niveles es el alvéolo. Es una unidad chiquitita que está al final del árbol respiratorio, después de los bronquios y los bronquiolos, que son las ramificaciones que se van haciendo cada vez más pequeñas y numerosas hasta que por fin llegan al alvéolo, que mide aproximadamente 0.2 milímetros de diámetro, y es una bolsita de aire, como un saco. Son muchos, unos 300 mil. Imagina 150 mil bolsitas de aire en cada pulmón, eliminando a toda velocidad el aire que desechas, casi puro bióxido de carbono, con apenas una concentración de oxígeno de 17%, y luego, en unos segundos (lo que tardas en un ciclo respiratorio), elevar la concentración al noventa y tantos por ciento que necesita tu sangre para llevarla al cerebro y a los demás órganos vitales. Es un portento fisiológico. Para conseguirlo se requiere una gigantesca superficie de intercambio entre los dos gases en juego, el oxígeno y el bióxido de carbono. Si te imaginaste unos dos o tres metros cuadrados, olvídalo. La superficie alveolar que te permite respirar felizmente es de entre 70 y 100 metros cuadrados. Más o menos lo equivalente a la mitad de una cancha de tenis. Dentro de tu pecho existe esa superficie de intercambio.

Mocos

¿Y eso qué tiene que ver con los mocos?

Tienen que ver porque el aire que llega al alvéolo es un "aire acondicionado". Al alvéolo no puede llegar el aire así nomás, lleno de contaminantes. Tiene que llegar filtrado, con la concentración de humedad y temperatura adecuadas. Sin los mocos que empiezan en la nariz y siguen por todo el árbol bronquial recubriendo su superficie interna (epitelio respiratorio), eso sería imposible. Por eso tu bodoque tiene mocos, y los tendrá toda su infancia, aunque esté sano, en mayor o menor cantidad.

De modo que lo primero que tienes que hacer con los mocos es aceptarlos. Hazte amigo de ellos. Si esas naricillas estuvieran secas, limpias y sin mocos, serían muy vulnerables. Cualquier bicho, virus o bacteria entraría como Pedro por su casa por la mucosa (así se llama el recubrimiento de la nariz y las vías aéreas), y tu niño enfermaría. ¡Vivan los mocos!

Vivan los mocos, porque a todo lo largo del aparato respiratorio son los mocos o las flemas quienes acondicionan el aire que tu niño respira y así llegue en las condiciones adecuadas al alvéolo.

¿Y si son verdes?

Puede ser normal. Al principio son cristalinos, como el agua. Luego se espesan y cambian de color, se hacen más pegajosos. Que sean verdes quiere decir que llevan tiempo ahí, no necesariamente que haya infección. Mocos verdes no significa infección.

Pero vaya que los mocos pueden ser una molestia, porque a veces no dejan dormir o comer. El chiquillo no puede respirar por la nariz y anda jadeando con la boca abierta.

Cuando tú amaneces lleno de mocos (te sucederá también, aunque estés sano) te suenas la nariz, y ya. Los niños no se saben sonar. No tienen la fuerza y la coordinación que se requiere para soplar fuerte por la nariz y sacarse los mocotes de la mañana, o los de antes de dormir. De ahí la importancia de los lavados nasales, que son para sacarles los mocos a los niños. Pueden hacerse con solución salina fisiológica o con los productos comerciales que venden para eso. Son seguros y fáciles de usar.

Cuando te suenas la nariz, el aire que soplas a presión por tu nariz barre el moco por arrastre, ¿verdad? El lavado nasal de un niño debe consistir en lo mismo. Barrer el moco por arrastre, pero será con la solución salina usando una jeringa o con las soluciones de agua de mar que están a la venta. Es un tema que debes revisar con tu pediatra en la consulta, él te dirá cómo hacerlo con seguridad.

No insistas en dar antibióticos.

Cuando tu niño enferme de rinofaringitis, gripe o cualquier infección de las vías respiratorias, tendrá más mocos, se harán amarillos y verdes y serán una molestia. Pero eso no significa que se tengan que dar antibióticos, porque la mayoría de las infecciones de este tipo son virales y no se curan con antibiótico. Lo que sí funciona es mantener un excelente estado de hidratación y los lavados nasales.

Tos

Así como hay mocos en la nariz, porque la nariz está cubierta de una mucosa que produce mocos, hay moco en todo el aparato respiratorio. Hasta en los bronquiolos más chiquitos y los alvéolos, en donde esa mucosa se hace más delgada, hay mocos. Secreciones respiratorias, les llamamos.

Nos podemos sonar la nariz, pero no nos podemos sonar los bronquios. Están muy abajo. Para eso es la tos. Esas secreciones respiratorias, los mocos de los bronquios, a los que llamaremos "flemas", también hacen ruido.

El ruido que hacen es precisamente la tos.

Cuando escuchas toser a tu niño te angustias. Eso está bien. La tos jamás debe tomarse a la ligera y puede ser el anuncio de que algo serio está ocurriendo. Es un síntoma que se presenta en neumonías, en bronquiolitis, en asma, en crup y en otras patologías que pueden ser muy peligrosas.

Pero la tos también se presenta en niños sanos.

Cuando tu niño se recupera de una bronquiolitis, o de una simple rinofaringitis viral, la tos suele ser el último síntoma que desaparece, a veces varios días después de que el niño ya ha superado la infección.

Una tos ocasional que no es molesta y que no se acompaña de otros signos y síntomas puede ser normal. Significa que tu pequeño está "moviendo" esas flemas para expulsarlas al exterior.

Me dices que tú no ves que tu niño arroje flemas, que lo que hace es que se las traga y eso te preocupa, ¿verdad?

Pues sí. Sí se las traga. Y tú también te las tragas sin darte cuenta.

Es la forma en que los niños eliminan esas secreciones respiratorias normales que recubren y protegen el árbol bronquial. Al toser, o al "aclararse la garganta", las flemas suben, llegan a la epiglotis y el pequeño se las traga alegremente (y tú también, pero no te das cuenta). Esas flemas se van al estómago, que, como bien sabes, pertenece a otro equipo. El estómago "juega" en el aparato digestivo. De modo que el aparato respiratorio ya se ha librado de ellas y ahora las flemas seguirán el camino al exterior por otras vías, hasta la salida. Tampoco esperes ver las flemotas y los mocotes en el pañal, no sucede así. Los ácidos del estómago y los procesos digestivos las desintegran. Si ves moco en la popó, será "moco local". Porque resulta que el estómago y el aparato digestivo tienen su propia mucosa, que también produce moco. Pero ese es otro tema. Lo menciono para que se vea lo relevante que es el bendito moco para nuestra vida.

Volvamos a la tos:

Primero: nunca hay que tomarla a la ligera, pero casi siempre será normal, sobre todo en los meses invernales.

- Si el niño que tose tiene menos de seis meses, siempre hay que revisar.
- Si la tos duele, hay que revisar.
- Si la tos impide comer, dormir o descansar, hay que revisar.
- Si la tos se acompaña de signos de dificultad respiratoria, aunque el niño esté alegre, hay que revisar. Estos signos te los he explicado claramente en la sección de bronquiolitis.
- Si la tos se presenta cuando el niño se agita o hace ejercicio, hay que revisar. Podría ser asma.
- Si la tos tiene tonos raros, como de foca o cornetita (tos de perro), avisa al pediatra. Podría ser crup.
- Si la tos se acompaña de fiebre, hay que revisar.
- Si la tos es en accesos (ataques), es decir, tose y tose y no para de toser, más vale checar.
- Por último, si el niño tiene otros síntomas además de la tos, sobre todo si está decaído o no come, hay que checar. Esa tos puede ser aviso de algo más serio.

No obstante esta larga lista, la mayoría de las veces la tos de tu niño consistirá en tosiduras aisladas, que no causan molestia alguna ni se acompañan de otros signos y síntomas. Coméntalo con tu pediatra en la consulta de rutina, la tos, como los mocos, es parte de la infancia.

Fiebre

A la fiebre le tenemos un miedo atávico. Por siglos, milenios seguramente, la fiebre ha sido presagio de muerte o de grave enfermedad, y aunque ya no es así, el miedo sigue.

Cuando el niño tiene fiebre se encoge el corazón, pues antes de los antibióticos, la fiebre sí anunciaba la muerte.

(En un paréntesis, si no queremos regresar a esos tiempos, sería prudente que empezáramos a racionalizar el uso de los antibióticos a nivel mundial, pero ese es otro tema).

Los atavismos nos trascienden. Me explico: lo atávico se refiere a lo ancestral. Es un miedo que heredamos sin tamizarlo a través de la razón, por lo tanto, irracional.

Hoy, gracias a la pediatría moderna, ya no tenemos por qué temer tanto a la fiebre. Es un aviso, eso sí. Nos avisa que el niño tiene una infección. Aunque hay otras causas de fiebre que no son por infección, en la mayoría de los casos el incremento en la temperatura será por culpa de algún "bicho". Y en pediatría la enorme mayoría de esos bichos serán virus, como ya sabemos.

La fiebre nos anuncia que ya pescamos un microbio patógeno. Un invasor. En ese momento nuestro sistema inmunológico despliega todas sus sorprendentes líneas de defensa y se prepara para el combate. Una de esas líneas es la fiebre.

Cuando el cuerpo detecta la presencia de extraños enemigos (sí, el organismo tiene sus propios "sistemas de inteligencia"), como virus o bacterias, libera sustancias químicas que estimulan la parte del cerebro que controla la temperatura corporal. Esa parte se llama hipotálamo.

El hipotálamo aumenta la temperatura del cuerpo, y eso es molesto, pero no lo hace por molestar. Bueno... no lo hace por molestar al niño. Lo hace por molestar al bicho. Esos microbios invasores que estaban muy cómodos a la temperatura corporal normal ahora están incómodos. Resulta que ya no se reproducen igual. Es decir, la fiebre inhibe el crecimiento y la replicación de los microorganismos. Además, la fiebre estimula la producción y activación de los glóbulos blancos; que son las células "soldado" especializadas en destruir a los microbios.

De modo que la fiebre es buena. Es incómoda para tu Tomasito, que se ve decaído, somnoliento y sin ganas de hacer travesuras, pero le está ayudando a vencer la infección.

Cuando el pediatra te da un medicamento para la fiebre no pretende eliminarla. Simplemente se trata de que el niño no se sienta tan incómodo. Con regularla un poco basta.

¿Qué hacer si el niño tiene fiebre?

Primero, el diagnóstico. La fiebre no es la enfermedad. Hay que saber de qué está enfermo el niño y de eso depende el tratamiento. Esto puede tardar un poco. Muchas veces la fiebre se presenta como único síntoma durante algunos días, nos avisa que el niño está enfermo, pero no nos dice de qué. Puede ser (y lo será en la mayoría de los casos) una infección viral, banal. Quizá una roséola, una enfermedad mano, pie y boca. Quizá un catarrito, o una gastroenteritis viral. Pero también puede ser algo que requiera antibiótico (en el menor de los casos), como una infección en la orina, o en el oído, o una faringitis purulenta… en fin. A veces al principio no sabemos. En esos casos, solo damos algo para controlar un poco la fiebre y las molestias del niño, sin pretender quitar la fiebre por completo. Recuerda que es un mecanismo de defensa.

Tampoco podemos dar un antibiótico para prevenir. Los antibióticos jamás deben usarse si no son estrictamente necesarios, por muchísimas razones que aquí no vienen al caso.

Una vez que hacemos el diagnóstico, se decide el tratamiento. Mientras tanto, no hay que alarmarse por esa fiebre.

Tu tía Gertrudis te dirá que tiene una vecina, que tenía una prima, que tuvo una niña, que tuvo una fiebre mal tratada y se murió de meningitis. No es cierto. La fiebre no da meningitis. Es al revés.

No es cierto que la fiebre provoque epilepsia.

No es verdad que la fiebre derrita el cerebro, como dice tu tía Gertrudis.

Si bien es cierto que algunos niños menores de cinco años convulsionan por fiebre (crisis convulsivas febriles), esto es algo idiosincrásico. Las convulsiones febriles son inofensivas y ocurren entre 3 y 5% de los niños. Las veremos más adelante.

Para controlar la fiebre se pueden usar medios físicos, pero sin agresiones.

La práctica de bajarla untando alcohol es muy peligrosa. El niño puede intoxicarse.

Bañar al niño con agua fría es equivalente a torturarlo. Te invito a que te metas tú al agua helada cuando tienes fiebre y después me platicas. Además, no servirá de nada. Vendrá un efecto paradójico, consistente en que habrá una vasoconstricción periférica (es decir los vasos sanguíneos de la piel se cerrarán), buscando conservar la temperatura corporal ante la agresión del agua fría, y la fiebre quedará igual o peor.

Lo que puede hacerse es bañar al niño con agua calientita. Si la temperatura del pequeño es de 39 °C y el agua está a 34 °C, será un baño agradable y la temperatura bajará poco a poco. Sin agredir.

Usar paños húmedos está bien, pero no en todo el cuerpo. Bastará en la frente y en las extremidades, cuidando de no empapar al niño, pues no sirve de nada.

Se pueden usar medios químicos. Es decir, medicamentos. Pero igual, sin agresiones.

En la mayoría de las veces bastará con un antipirético de los de uso permitido y venta libre. De preferencia paracetamol o ibuprofeno. Este último no se recomienda en niños menores de seis meses.

Con uno bastará. La práctica de darle dos o más antipiréticos para bajar la fiebre a la fuerza no tiene sentido. Recuerda que la fiebre no es el enemigo.

La combinación de medios físicos y químicos funciona bien.

Mientras el niño tenga fiebre, es particularmente importante mantenerlo muy bien hidratado. Hay que asegurarse de que así sea. La fiebre y la deshidratación juntas son una pésima combinación.

Aquí la lactancia materna juega un papel fundamental, porque nada hidrata mejor que la leche materna.

Es posible que tu tía Gertrudis (e inexplicablemente algunos médicos) te diga que si el niño tiene fiebre le quites el pecho. Perdón por el exabrupto, pero es una estupidez. Es precisamente cuando hay fiebre cuando tu bebé más necesita el pecho.

Si la leche materna no está disponible, hidrata con agua o con suero oral, según te indique el pediatra. El suero oral se usará cuando el niño tenga vómito y/o diarrea y es buenísimo.

Crisis convulsivas febriles

La crisis febril es una condición cuya complicación principal no tiene que ver con el problema del niño ni con el niño, sino con lo que hacemos cuando se presenta.

Tomasito, que andaba perfectamente bien, como si nada, o si acaso con un poco de calenturita, de repente se pone como Chucky, el muñeco diabólico.

Empieza con temblores y sacudidas, babea o echa espuma por la boca, se pone morado o pálido, pone los ojos en blanco y luego pierde la consciencia.

Papá y mamá entran en pánico (tienen derecho, el espectáculo es aterrador). Piensan que el niño se está muriendo o algo así. Lo suben al carro y salen disparados a la media noche, volándose los semáforos y violando todas las reglas de tránsito existentes y algunas que todavía no existen.

Al fin, luego de aventar la puerta de urgencias y a la enfermera que se atravesó, ponen a Tomasito en la cama, que a la sazón duerme plácidamente como un angelito.

Así son las crisis febriles, cuya principal complicación son los accidentes automovilísticos, provocados por lo previamente expuesto.

Definamos: Crisis convulsivas febriles, o crisis febriles, son aquellas en las que de forma repentina el pequeño empieza con movimientos musculares descontrolados, repetidos y anormales. Pierde la consciencia. Es decir, el niño no responde a estímulos. Aunque le hables, le grites y lo sacudas, no responderá.

Las crisis febriles se presentan en niños sanos, entre los seis meses y los cinco años de edad. Si el niño convulsiona fuera de este rango de edad, hay que buscar otras causas y apoyarse con el neurólogo pediatra para el diagnóstico y tratamiento.

Se presentan en tres a cinco por cada 100 niños sanos y normales. En un kínder de 40 niños les puede ocurrir a dos. No son nada raras.

¿Qué las causa?

No sabemos. Hay un montón de cosas en medicina que todavía no sabemos. Se han relacionado con la genética, con la inmadurez del cerebro, con procesos infecciosos (algunos virus están más presentes que otros) y con cuestiones inmunológicas que se relacionan con procesos inflamatorios.

Pero no lo olvides: es en niños sanos. Y cabe aclarar que si tu niño tiene crisis febriles, sigue siendo un niño sano.

¿Cuáles son los síntomas?

Pérdida de la consciencia, sacudidas rítmicas de extremidades, tronco y cabeza, la boca morada, la quijada encajada y los ojos en blanco.

Duran aproximadamente cinco minutos, que para los papás es una eternidad.

Al final se quedan dormidos o tranquilos, pero confusos durante un rato.

¿Pueden repetir?
Sí. Uno de cada tres niños, puede volver a montar el *show*. Así que debes estar preparado.

¿Qué hacer en casa?
Acuesta al niño de costado, para que respire mejor. Aflójale la ropa y retira cualquier objeto con el que pueda golpearse. Espera a que pase.

Sí, sí, ya sé. Se dice fácil, pero es lo único que puedes hacer.

¿Qué no hacer?
No entres en pánico. Entrar en pánico nunca sirve para nada. No lo sacudas ni trates de darle respiración. No pretendas detener sus movimientos. No le des cachetadas ni le eches aire. No le grites. No le metas ningún objeto en la boca y menos los dedos porque te va a morder.

Y como habrás inferido, no salgas volando a urgencias, puedes acabar incrustado en una palmera.

¿Se pueden prevenir?
No.

Suena muy drástico, pero no se pueden prevenir. La mayoría de las veces te darás cuenta de que el niño tiene fiebre porque ya está convulsionando. Llenar de medicamentos al niño para que no le vaya a dar fiebre, "no sea que convulsione", no funciona.

¿Qué consecuencias tienen?
Las crisis febriles no tienen consecuencias. Tomasito no está endemoniado ni embrujado, como presumiblemente te dirá tu tía Gertrudis. No se le derretirá el cerebro, no le va a dar meningitis y no le va a dar epilepsia.

Después de las crisis, todo estará bien.

Por último, si tu niño tuvo una crisis febril (o cualquier tipo de crisis), debes de ver al pediatra. Será necesaria una historia clínica para descartar otras causas.

Y toma esto muy en cuenta: estas crisis se llaman "febriles". Si tu niño convulsiona sin fiebre, estás enfrentando otro problema. Lo mismo si ocurren fuera del rango de edad.

Asma

Tenemos un problema con el asma que es más serio que el asma en sí.

No se diagnostica. Y cuando se diagnostica, muchas veces no se trata. Y cuando se trata, muchas veces se trata mal.

Esto redunda en una mala calidad de vida durante los años dorados de la infancia, esos en los que se sustenta el equilibrio emocional, dicen mis amigos los psicólogos, y desde luego que tienen razón.

Hoy por hoy (con muy raras excepciones de asma muy severa), el niño asmático debería de llevar una infancia normal, igual, igualita que la del niño no asmático. Apenas con la pequeña diferencia de usar un inhalador dos veces al día más algún medicamento de vez en cuando.

Pero lo que yo veo en mi práctica diaria, y eso no me lo platicó nadie, es un montón de niños asmáticos, que llevan ya varios años con o sin diagnóstico, viviendo exactamente igual que como vivía el niño asmático en la década de los setenta, cuando yo era niño, y en aquel entonces era poco lo que se podía hacer. Les platico:

Cuando yo estaba en la escuela primaria, en mi salón de clases había un niño asmático.

Pongámosle Paco, para darle relevancia. Era un niño real, con un nombre real, de los más comunes.

Paco se sentaba hasta mero atrás y recargaba su banco en la pared, balanceando los pies y jadeando un poco. A veces podíamos escuchar su respiración. Paco no jugaba futbol en el recreo. No iba a las fiestas de cumpleaños y cuando iba se quedaba sentado en su silla. No iba a las excursiones que organizaba el colegio. Tampoco jugaba al "chinchilaguas", un juego de aquel entonces que hoy mataría de un infarto a las maestras actuales si lo vieran.

Paco no jugaba a nada de nada.

Se quedaba sentado en su banco y de cuando en cuando sacaba un misterioso tubito de plástico, se lo ponía en la boca e inhalaba algo que salía de ahí.

A veces se llevaban a Paco al hospital.

Empezaba a jadear, la maestra estaba alerta, avisaba y llegaban por él.

Podía tardar en regresar a clases algunos días, su desempeño escolar era malo y sus relaciones sociales también. Pobre Paco.

En aquellos años setenta el arsenal terapéutico para tratar un asma severa estaba muy limitado. Apenas había broncodilatadores de corto plazo, como el salbutamol, que sigue siendo útil y se sigue usando. Es el que usaba Paco y era lo mejor que se le podía ofrecer. Aunque los esteroides inhalados quizá ya existían, pues se desarrollaron al final de la década de los setenta, su uso se generalizó hasta bien entrados los ochenta del siglo pasado.

Pero estoy escribiendo en 2023. Hoy contamos con esteroides inhalados, que junto con los broncodilatadores de largo plazo que se desarrollaron en la década de los noventa del siglo pasado, son la piedra angular en el tratamiento del asma.

En estos tiempos Paco nos hubiera acompañado a jugar futbol, beisbol, a las excursiones y a nadar. Hasta hubiera jugado al chinchilaguas (luego les explico en qué consistía esa salvajada).

Mi punto es que hoy por hoy me llegan a la consulta niños que, al igual que Paco, llevan una infancia miserable. Y no son dos o tres, son muchos. Todo porque no se han diagnosticado, o quizá peor aún, no se les ha iniciado el tratamiento, a pesar de tener el diagnóstico.

Veo a muchos niños asmáticos que tienen tratamiento con vacunas. Es decir, la terapia inmunológica, mejor conocida como inmunoterapia. Esta desde luego que es útil, y ayuda controlar los síntomas del asma al abordar la causa subyacente de la enfermedad, que puede ser una respuesta exagerada de las vías respiratorias a ciertos elementos que la desencadenan (alérgenos). Este tipo de terapia es útil sobre todo en el asma alérgica, pero es un enfoque a largo plazo y puede llevar varios meses o años para lograr resultados significativos. Mientras tanto, el paciente se lo pasa como el pobre Paco, porque a pesar de que tiene el diagnóstico no se le administran, o se le administran mal, los esteroides inhalados y los broncodilatadores de largo plazo.

Una enfermedad como el asma, debe de tratarse con todo el arsenal terapéutico disponible. Pero si no se está utilizando lo más importante, insisto, esteroides inhalados y broncodilatadores de largo plazo, seguiremos viendo infancias miserables.

Aquí no te diré como tratar el asma de tu hijo. Eso le corresponde a tu pediatra. Pero sí te diré que el niño con asma hoy, salvo rarísimas excepciones de asma muy severa, debe de llevar una vida normal. Puede y debe tener la misma actividad física que todos los demás y no tiene por qué estar visitando el hospital.

Si estás en esa situación, recuerda que siempre es válido pedir otra opinión.

Pero… ¿Qué pasa con el asma? ¿Qué le pasa a un niño asmático? ¿Por qué no puede respirar?

Si estas preguntas se las hacemos a un especialista, a un neumólogo, a un alergólogo, a un patólogo experto, llenarán volúmenes y volúmenes para explicar los cambios que ocurren en los bronquios.

Nos hablarán de mastocitos, de citoquinas y leucotrienos, de histamina, de células T y eosinófilos y de un montón de cosas, importantísimas todas y cuyo estudio e investigación nos han llevado ("nos han" me suena a manada), han llevado, perdón, a esos héroes de bata blanca a desarrollar los tratamientos que hoy por hoy permiten que tu niño asmático lleve una vida normal, muy distinta a la de Paco.

Después de un aplauso merecido a los científicos y a la ciencia, veamos cómo podemos entender nosotros los de a pie lo que ocurre con el asma, pero para eso entendamos primero qué es un bronquio.

Es un tubo. Un ducto, una manguera, un conducto, a través del cual pasa el aire que respiramos, para llegar al alvéolo.

Con el asma el ducto se cierra, se inflama y se llena de moco. Son tres cambios.

(Hay un cuarto cambio, que ocurre a largo plazo: el bronquio se remodela. Esa inflamación crónica del bronquio puede llevar a cambios estructurales que son irreversibles. Con los años de asma mal tratada o no diagnosticada, la capa interna se engrosa y puede contribuir a la obstrucción crónica de las vías aéreas. Se previene con el tratamiento adecuado y oportuno).

Pero veamos los tres cambios que ocurren en forma aguda (inmediata):

Se cierra: A eso le llamamos broncoespasmo, porque el bronquio se espasma. Se aprieta, pues tiene músculo liso en su pared. En el asmático, sus bronquios se aprietan. Es lo que causa las famosas sibilancias, que son los pillidos o silbidos en el pecho que a veces puedes escuchar en la respiración del niño y que el pediatra escucha con su estetoscopio.

Se inflama: La pared del bronquio tiene un cierto grosor. En el asmático, este grosor aumenta porque se inflama. Todo que se inflama se hace más gordo, ¿no? Si me dan un golpe en el ojo, se me hincha, si me pica una abeja se me hincha el piquete, si me da catarro el virus inflama mi mucosa nasal y se hincha, se inflama. Por eso se me tapa la nariz. Bueno, pues en el asma, el bronquio se inflama. Además de que está cerrado, el tubo está inflamado. Ahora menos pasa el aire.

Se llena de moco: La producción exagerada de moco ocurre siempre que una mucosa se inflama. Si se te inflama la nariz, moco. Si se te inflama el intestino, moco que verás en la popó. Si se te inflama un bronquio, moco.

En el asmático el bronquio está cerrado, inflamado y lleno de moco.

Por eso tu niño asmático no respira.

Si entendemos esto, todo será más fácil, porque el tratamiento consiste en **abrir, desinflamar y aflojar el moco**.

Por eso el tratamiento consiste en la administración de **esteroides inhalados**. Estos desinflaman el bronquio y lo hacen muy bien. Además lo mantienen desinflamado por largo tiempo.

Broncodilatadores de acción prolongada: estos pueden administrarse junto con los esteroides inhalados. Abren el bronquio y lo mantienen abierto.

Buena hidratación y nebulizaciones, que ayudarán a mover ese exceso de moco y a hacerlo más manejable.

Hay otras cosas que pueden hacerse. La inmunoterapia puede ser muy útil y el uso de otros medicamentos también. Cada niño asmático debe de ser manejado de manera individual, y hay guías internacionales para el tratamiento, el cual debe de ser instituido por el pediatra, luego de una historia clínica completa. El manejo multidisciplinario, con la intervención de otros especialistas como el alergólogo y el neumólogo, puede ser de gran ayuda e incluso indispensable en algunos casos.

Por cierto: la lactancia materna protege contra el asma, ¿lo sabías?

Gastroenteritis (diarrea y vómito)

A tu niño ya le dio gastroenteritis, y si no, le va a dar.

No hay niño al que no le dé gastroenteritis, es inevitable. Es la segunda enfermedad más frecuente en edad pediátrica y no hay escapatoria, al menos en nuestro entorno latinoamericano.

Las gastroenteritis vienen con diarrea y con "el plus" del vómito. Eso es lo que complica la ecuación.

Además, según cada caso, puede acompañarse de fiebre, dolor de barriga, dolor de cabeza, malestar general; todo según el bicho culpable, que la mayoría de las veces será un virus. Otras veces puede ser una bacteria o un parásito, como las famosas amibas.

Sea un virus, un parásito o una bacteria, el mayor peligro de las diarreas es la deshidratación. Cuando nos falta agua, todo falla. Tomemos en cuenta que el porcentaje de agua en el cuerpo de un niño oscila entre 65 y 80%. Es decir, cuando ves un muchachito de cuatro años que pesa 18 kilos, estarás viendo casi 12 kilos de agua, que equivale a 12 litros, y apenas seis de sólidos.

Razonémoslo así:

La vida de un niño funciona en un ambiente líquido. La pérdida de "un poco de agua" convertirá ese "ambiente líquido" en un "ambiente espeso" en el que el niño no funciona.

Por eso es tan importante, y sobre todo tan urgente, reponer los líquidos que el niño con vómito y diarrea está perdiendo.

Imagínate que el chamaco pierde de repente un litro de agua: entre vomitada y vomitada y entre deposición y deposición, puede perderlo en pocas horas. Su sangre, que es un líquido viscoso, se hace más viscosa aún. El niño se seca, y si no actuamos, se muere. Las enfermedades diarreicas son la segunda causa de muerte en menores de cinco años. Cada año mueren más de medio millón de niños en el mundo, y esto es lamentable, porque, según la OMS, la mayoría de estas muertes son prevenibles.

¿Y por qué no las prevenimos?

La respuesta es incómoda: por ignorancia.

La mayoría de los niños que mueren de deshidratación por diarrea es porque no se actuó, se actuó tarde o se hizo mal.

De modo que este tema va encaminado a que sepas qué hacer y qué no hacer si tu niño enferma de gastroenteritis, de lo que seguramente enfermará.

¿Qué no hacer?

¿Qué haces para que no se sequen tus geranios?

Los riegas, ¿verdad? Tienes bien claro que si no riegas las macetas las plantas se secan. Se ponen tristes, flácidas, y al fin, si no les echas agua, se mueren.

El niño igual. Si le falta agua se pone triste, flácido, y si no le das agua, se muere.

Si cuando tu geranio se está secando por falta de agua, en vez de regarlo lo llevas con un hipotético curandero de geranios para que le levante las hojas o le eche abonos especiales, estiércol o lo que sea, ten por seguro que tu plantita pasará directamente al cielo de las plantas muertas. Eso te queda bien claro, ¿no?

Entonces, ¿por qué cuándo a un niño le falta agua porque vomitó toda la noche y evacuó 13 veces lo llevas con el curandero para que dizque le levante la mollera, le cure el "empacho" y le haga brujerías?

Lo que necesita es agua, y con el curandero estás perdiendo el tiempo. Tiempo que es vida.

Es la ignorancia. Es la metiche de tu tía Gertrudis, que en contra de lo que te dicta tu instinto te dice: "¡Llévate al niño con doña Cuca para que le levante la mollera!".

Es la ignorancia de algunos sanitarios, médicos mal preparados que te indican que le quites el pecho al niño porque tiene diarrea… ¡es cuando más lo necesita! ¡Nada hidrata mejor a un niño que la leche materna!

Es la ignorancia que nos rodea y que ha puesto su fe en el tratamiento equivocado: "Dale ampicilina", te dicen. O, "llévalo con el médico de la farmacia para que le recete unas inyecciones de ceftriaxona"… y lo peor es que el doctorcito sí te las receta, cuando lo que tu niño necesita es agua. ¡Le urge hidratarse! Si no, morirá... y mueren. Mueren cada año miles de niños que no deberían de haber muerto. Las estadísticas no tienen sentimientos.

No pierdas tiempo. No lleves al niño con el curandero, no lo lleves a que le receten antibióticos ni antidiarreicos que están contraindicados en niños. No le des bebidas azucaradas ni para deportistas, ni mucho menos energéticas. Olvídate de remedios caseros y de brujerías.

Te dirá la tía Gertrudis que le des bebidas de esas para deportistas: no lo hagas. Causarás un desequilibrio en la concentración de las sales del niño y empeorará la diarrea. Provocarás un daño en el riñón y en otros órganos vitales.

En resumen, no pierdas tiempo y acuérdate de tus geranios.

¿Qué hacer?

Hidratar. Veremos cómo:

Al enfermarse de gastroenteritis el niño pierde agua; esa agua vital que conforma la mayor parte de su cuerpo. Y la pierde por dos formas, básicamente: en la diarrea, con las deposiciones líquidas y frecuentes, y con el vómito. Este último es el que complica la rehidratación.

Cuando riegas tus geranios, la plantita no te regresa el agua que le das ni la arroja fuera de la maceta, ¿verdad? Los niños, como sabrás, no son geranios. Si enferman de gastroenteritis y se empiezan a secar, te vomitan el agua que les das, o el suero oral. Lo arrojan porque su estómago está inflamado (gastroenteritis es inflamación del estómago y del intestino). Al estar inflamadas estas estructuras, digamos que se vuelven intolerantes. Toleran, sí, pero poquito.

Hay que hacer una estrategia para que ese estomaguito intolerante nos tolere el agua o el suero: darle de poco a poquito, de traguito en traguito.

Puedes darle agua o suero oral. Este último viene en sobrecitos gratuitos que se recomponen con agua (sigue el instructivo). O darle el suero oral que venden barato en todas las farmacias, ya viene preparado. Fíjate bien que sea para niños. Dáselo frío, pues al estar frío inhibe el vómito.

Ofrécele un sorbito nada más. Nada de tragos grandes, porque lo puede vomitar. Digamos unos cinco o 10 mililitros (una o dos cucharadas soperas) y luego espera. Espera entre cinco y 10 minutos a que el suero pase del estómago al intestino. Cuando le des el segundo traguito, el primero ya no estará ahí; habrá pasado hacia abajo, hacia el intestino, y estará empezando a hidratar al pequeño. Así no vomita.

De otro modo, si al niño que está deshidratado y por lo tanto tiene sed (obvio) le das la botella de suero, se la va tomar toda. Llegará en gran cantidad a ese estómago inflamado y te la va a vomitar toda, perdiendo con el vómito aún más agua y sales, que, aunado a las pérdidas por diarrea, puede causar un desequilibrio de las sales del cuerpo.

Así que hay que ir despacio, poco a poco y con paciencia pero con constancia y sin forzar. Ofrécele todo lo que acepte, sobre todo cada vez que haga popó o que vomite.

Esta simple estrategia, tan fácil, salva millones de vidas al año y evita un montón de hospitalizaciones.

¿Y la leche materna?

Síguesela dando. Ofrécele el pecho con más frecuencia, aunque vomite; si toma pecho difícilmente se deshidratará, porque nada hidrata mejor que la leche materna. De hecho, los niños que toman pecho no suelen necesitar suero rehidratante. Con la leche de mamá basta. Es otra razón más para prolongar la lactancia.

En algunos pocos casos, sea porque perdimos tiempo y empezamos tarde o sea porque la infección es más agresiva, esta estrategia de hidratación puede no ser suficiente, y a pesar del suero bien administrado el niño no se hidrata, pues por la diarrea o por el vómito sigue perdiendo más agua de la que podemos reponer por vía oral.

En tales casos habrá que hidratar al niño con un suero intravenoso. Esto es chamba del pediatra.

Pero es tu chamba prevenir y detectar la deshidratación.

Prevenirla, ya sabes. Hidratar como hemos dicho, con leche materna o suero oral. Y para detectarla, como padres de familia debemos conocer las señales de deshidratación.

Primero enfócate. Si tu niño empieza con diarrea y/o con vómito, ya debes de estar pensando que puede deshidratarse. Pon manos a la obra con la hidratación y observa:

El niño deshidratado se ve decaído. Se le hunden los ojos en sus órbitas, de modo que se ve ojeroso. Los ojos están secos, sin lágrimas. Aunque llore, no le salen lágrimas. La boca está seca, la saliva se ve espesa. "Saliva filante", decimos los médicos, que significa que la saliva al estar espesa forma "hilos" o hebras. Los labios se ven secos y partidos. La lengua seca. La piel se siente caliente y pierde su turgencia. Se forma lo que los médicos llamamos "signo de lienzo húmedo": si al niño bien hidratado le pellizcamos suavemente la piel del abdomen, verás que esta regresa de inmediato, sin dejar arrugas. Eso es la turgencia de la piel. En el pequeño con deshidratación la piel se queda como si fuera un trapo mojado, sin volver extenderse como estaba, hasta por unos cuantos segundos. Ese es el signo de lienzo húmedo.

En la deshidratación se orina poco, por un mecanismo de defensa del riñón, que retiene los líquidos dentro del cuerpo. Produce menos orina. De modo que ponte alerta si ves que el niño no moja los pañales.

El llenado capilar se hace más lento: si presionas con el dedo el talón del niño sano verás que la sangre debajo de la piel se desplaza dejando esa parte de color más claro, pero regresa a su color normal en menos de tres segundos. En el niño con deshidratación ese "llenado capilar" tarda más de tres segundos.

El niño deshidratado está decaído y luego postrado.

Los padres y cuidadores **deben** conocer y reconocer estas señales. Basta una sola de ellas para buscar atención médica.

La deshidratación es una urgencia. Debes conocerla.

Recuerda: algunos médicos (me consta) te dirán que si el niño tiene diarrea o vómito le quites el pecho. Mándalos por un tubo y pégate al bodoque todo el tiempo. La lactancia materna salva, sea recién nacido, tenga cuatro meses, o sea un niñote de cinco años. Si toma pecho, difícilmente se deshidratará.

Ronchas y sarpullidos

Es difícil que un día en la consulta del pediatra termine sin haber visto algunas ronchas o algunos sarpullidos.

La piel es nuestra envoltura, pero es una envoltura viva. De hecho, la piel es el órgano más grande del cuerpo, y junto con las uñas, el cabello y las glándulas sebáceas y sudoríparas forma un sistema. Por cierto, tan importante para la vida como lo es el sistema circulatorio, el respiratorio o el digestivo.

La piel reacciona a lo que ocurre en el exterior, como cuando nos pica una abeja. Pero también reacciona a lo que ocurre en el interior, como en las enfermedades exantemáticas. Ya sabemos que a los médicos nos encantan las palabras raras: *exantema* quiere decir "manchas rojas en la piel" y viene del griego. La mayoría de los términos médicos con los que destanteamos a los pacientes vienen de la tierra del gran Hipócrates. *Anthema* significa florecimiento. Y como tiene el prefijo *ex*, quiere decir que es un "florecimiento" que se manifiesta hacia afuera, como una erupción. Más fácil: las enfermedades exantemáticas son las que causan erupciones rojas en la piel. Como la varicela, la roséola, la rubéola, el sarampión (que gracias a las vacunas ya casi no hay, pero por culpa de los antivacunas puede regresar a hacer estragos), la escarlatina y otras.

Hablaré aquí de las que veo más frecuentemente en mi consultorio y dejaré pendientes varias, que al fin es chamba de tu pediatra hacer el diagnóstico diferencial, porque sea cual sea la causa de los exantemas y las ronchas, siempre que las hay es mejor preguntarle al doctor, pues no todas son inofensivas (algunas sí). No vaya a ser una escarlatina, por ejemplo: esa no se quita sola, requiere antibiótico y si no se trata puede traer complicaciones.

Por ahí empecemos:

La escarlatina

Era el terror de mis abuelos (y de tus bisabuelos y tatarabuelos). Se llevaba a mucha gente antes de los antibióticos. Hoy se cura.

Quizá la palabra *escarlatina* te suene a cosa del pasado. De los libros antiguos o de películas de época; pero sigue aquí, y ahora bien vigente y bien presente la canija. Cada año vemos varios casos.

Hay que diagnosticarla y tratarla:

Se llama "escarlatina" porque el paciente se pone de color escarlata, es decir: rojo.

La causa una bacteria que se llama *Streptococcus pyogenes*.

Produce dolor de garganta, fiebre elevada, inflamación de las amígdalas, dolor de cabeza. Al principio se puede confundir con una faringitis viral, pero luego de 24 horas aparece una erupción roja de la piel que suele empezar en la cara y el cuello y se extiende al tronco, brazos y piernas. El sarpullido, al tocarse, parece una lija fina. El diagnóstico lo sospechamos cuando el niño entra al consultorio y lo vemos colorado, colorado, como si estuviera rojo de vergüenza. Si al tocar su piel se siente como lija y al ver su lengua se parece a una fresa, ya está. Es escarlatina y hay que darle antibiótico. Responde bien a la penicilina (el más antiguo de los antibióticos) y a la amoxicilina.

Es importante terminar los días completos de antibiótico, porque si no, puede haber recaídas.

Si la escarlatina no se atiende o se atiende mal, se complica. Puede provocar infecciones del oído y de los senos paranasales y en casos más graves fiebre reumática, una enfermedad que afecta a las articulaciones o al corazón. Rara vez puede dañar los riñones, provocando sangre en la orina e incluso hipertensión arterial.

Bien diagnosticada y atendida, se cura rápido, sin dejar complicaciones.

La varicela

A pesar de que ya hay una vacuna efectiva y segura, seguimos viendo varicelas todo el tiempo y todo el año.

En México esta vacuna no se aplica de manera gratuita a toda la población. No está incluida en la cartilla de vacunación. Solo se aplica a "grupos de riesgo". Así dicen. El resultado es que muy pocos niños se vacunan, y como en realidad todos están en riesgo, la varicela sigue tan campante como siempre.

Se puede aplicar en el medio privado, comprándola. Pero no es barata y queda fuera del presupuesto de la mayoría de las familias mexicanas. Sería deseable que se aplicara en forma gratuita a todos los niños, pero hoy por hoy nos conformaríamos con que no faltaran las otras vacunas.

La varicela es una enfermedad muy contagiosa, provocada por un virus que se llama *varicella zóster.* Suena elegante, ¿no?

Pues no lo es. En el imaginario popular, la varicela pasa como una enfermedad de juguete. "Viruela loca", le dicen también. En inglés se llama *chickenpox*. Es difícil tomar en serio una enfermedad que lleva ese nombre, pero hay que hacerlo, porque, como veremos, la varicela no está exenta de complicaciones y además es muy fastidiosa.

Si un niño no vacunado o que no se ha enfermado de varicela tiene contacto con el virus, se enfermará de varicela de 10 a 21 días después. Pero antes de que aparezcan las lesiones típicas tendrá tiempo y oportunidad para contagiar alegremente a todo el kínder. Porque el periodo de contagiosidad empieza dos días antes de que aparezcan las vesículas características.

Los síntomas suelen empezar con calenturita, dolor de garganta, dolor de cabeza, leve malestar... esta es otra enfermedad que al principio se confunde con un resfriado. Pero uno o dos días después se observan las lesiones que la distinguen; unas ampollitas que aparecen primero en el torso y en la cabeza, son pequeñitas, de dos a cinco milímetros de diámetro; ampollitas llenas de agua que a veces se ve turbia. Suelen estar rodeadas de un área enrojecida. Luego se extienden al resto del cuerpo.

La varicela da por dentro y por fuera, así que pueden verse las lesiones dentro de la boca y en el paladar, dentro de los conductos auditivos, en genitales y en la región perianal, donde son muy molestas, en las plantas de los pies y hasta en las palmas de las manos. Como dan comezón y pican, digamos que son una monserga. Hay casos leves, que pasan casi inadvertidos, con dos o tres ampollitas y ya, pero en los casos severos, el niño se llena todo. Todo significa todo. No puede ni caminar, por culpa de las lesiones de las plantas de los pies. Esto lo explico para que se nos quite la idea de que la varicela es benigna.

Dura entre siete y 10 días en promedio. En pocos días las vesículas se secan y luego queda una costra.

Cuando las vesículas están en fase de costra, el chiquillo ya no contagia a nadie, pero como las costras son de color oscuro el pequeño se ve todo marcado, es cuando más se asusta la gente. Podría volver a la escuela o la guardería, pero las maestras y encargadas pondrán el grito en cielo. En mi experiencia, la carta del pediatra que dice que Tomasito ya está bien y no contagiará a sus amiguitos no convence a nadie.

Lo que las maestras no saben es que otro Tomasito, el que se ve perfectamente bien, es el que está contagiando a todo el colegio. Así es la vida.

La gran mayoría de los niños con varicela estarán perfectamente bien después de 10 días… pero no todos.

Algunas varicelas se complican, y las complicaciones son graves. Por eso, si no te convence lo molesta que es cuando no se complica, hablemos de las complicaciones.

¿A qué viene esto?

A que sigo enterándome de las incomprensibles "fiestas por varicela". Debido a que la vacuna es relativamente reciente (1995), debido a que es más severa en niños mayores que en los más pequeños, debido a que la varicela suele ser leve, y lo más importante, debido a que confiere inmunidad permanente, es decir: da solo una vez; en algunos lugares, como en donde yo vivo, se acostumbra reunir al niño enfermo de varicela con un grupo de niños sanos para que estos se contagien de una vez y queden inmunizados.

Imagina que a tu Tomasito le da varicela. Tu tía Gertrudis te dice que aproveches para invitar a todo el jardín de niños para que se enfermen de una vez. Que al cabo es leve, quedarán como vacunados y etcétera...

Los invitas, todos los no vacunados y los que no habían enfermado se enferman. Digamos... cinco. Los cinco se curan, aparentemente. Pero Margarita, la pequeña de las colitas y vestido de princesa, cae enferma una semana después. El pediatra dice que tiene una encefalitis por varicela. Está grave. Sale adelante después de un tiempo, pero queda con secuelas. Fue por la fiestecita y a la mamá de Margarita jamás la podrás ver de nuevo a los ojos, todo por la culpa de tu tía Gertrudis... y tuya, que le haces caso.

Otras complicaciones son las infecciones del oído, la varicela hemorrágica que es grave y potencialmente mortal, neumonía, o la sobreinfección de las vesículas. Ninguna es cosa de juego. La varicela no es cosa de juego.

Mejor vacuna a tus hijos tan pronto cumplan el año. Se aplica luego un refuerzo a los cuatro o seis años de edad.

La enfermedad mano, pie y boca

Tomasito anda babeando, tiene fiebre y está muy llorón. Su mamá me dice que le están saliendo unas llaguitas en sus manos y en las plantas de sus pies. Y anda de mal genio.

—Revísele la colita —le digo.

—También.

Tomasito tiene una enfermedad que se llama "enfermedad mano, pie y boca". El nombre no es muy original, porque afecta las manos, los pies y la boca. Ah, y también la colita.

Al revisar a Tomasito, que efectivamente viene de muy mal humor, confirmo que las llagas están en la boca y en el paladar, así como en sus labios.

La enfermedad de mano, pie y boca es muy "engorrosa", como decimos en algunas partes de México para explicar que es muy molesta. Pero afortunadamente es benigna, se cura sola en pocos días, entre cinco y 10 aproximadamente, y casi nunca se complica.

El principal problema son las llagas de la boca, porque duelen y el niño no come. Es importante darle líquidos, continuar con la leche materna si es que toma pecho y mantenerlo bien hidratado. Comerá poco esos días, pero no te preocupes, después se recupera. Para la boca pueden usarse geles que mitiguen el dolor o tu pediatra puede recomendarte alguna preparación casera que ayudará mientras están ahí las molestas úlceras. Los antibióticos son inútiles, como en todas las infecciones virales. El paracetamol es útil, porque disminuye el dolor y controla la fiebre. Pregúntale a tu pediatra o a tu médico de cabecera.

Se contagia como se contagian los catarros; por las gotitas de saliva que emitimos al hablar, toser, estornudar, cantar, etcétera. No hay manera de prevenirla. El niño que la trae empieza a contagiar algunos días antes de presentar los síntomas, así que para cuando nos damos cuenta ya se la pegó a la mitad de la guardería, incluyendo quizá a la señorita directora, porque resulta que esta enfermedad también puede afectar a los adultos, aunque es raro.

En algunos casos, al mes o a los dos meses de haber padecido la enfermedad, se caen las uñas del niño, principalmente las de las manos, aunque también las de los pies. Se desprenden sin dolor y luego vuelven a salir nuevecitas. No es un problema.

El virus culpable se llama Coxackie A 16. Como es un virus, ya sabes, de nada servirán los antibióticos.

La roséola

Sospecho que muchos niños que supuestamente son alérgicos a algún antibiótico no lo son y en realidad tuvieron roséola. Al final del tema explico por qué.

Antes les diré cómo es la tal roséola:

El nene empieza con fiebre así nomás, de repente.

La fiebre se trepa rápido y llega a 39 °C y como ya sabemos, mamá y papá enloquecen.

Ya les hemos explicado un chorro de veces que la fiebre en sí no es peligrosa, pero por alguna razón quizá instintiva, cada vez que el bodoque tiene fiebre sus papás y sus abuelos se angustian horrores.

Además de la fiebre el niño pronto trae mocos y congestión nasal, los ojos un poco rojos, irritada la garganta, ganglios en la nuca y anda medio decaído. Aclaro que "medio" nada más, porque con todo y la fiebre el chiquillo sigue haciendo travesuras, aunque no tantas.

—Dele paracetamol y espere —le digo a la mamá, —a ver qué le brota.

Al día siguiente el niño sigue igual.

—Ya dele antibiótico, doctor —me exige.

—Siga con el paracetamol y siga esperando —insisto—. Veremos cómo sigue, que ha de ser algo viral.

Tres días y el bodoque sigue igual... la mamá está como loca y decide mandarme por un tubo. Se lleva a la criatura a la farmacia para que le inyecten su ceftriaxona mezclada con dexametasona (una barbaridad aconsejada por la tía Gertrudis) o que "de perdis" le den su amoxicilina. Le dan esta última y a las pocas horas el chiquillo se llena de ronchas. Se le quitó la fiebre, el dolor, el malestar y todo, pero ahora está lleno de ronchas. Aunque el nivel de diabluras por hora está alcanzando los estándares normales, su madre ahora está más angustiada por las ronchas que por la fiebre que tenía. Va de nuevo con el de la farmacia, porque es el que le hizo caso. El doctor le dice que es una alergia a la amoxicilina y le cambia el antibiótico. Pero las ronchas siguen otros dos días.

Me marca más asustada.

"Es roséola", le digo.

Una enfermedad causada por un virus. Muy frecuente e inofensiva.

No se complica.

Suelen ser tres a seis días de fiebre alta, con los síntomas que mencioné.

Luego las ronchas que se quitan en unos tres días y ya. Tan, tan. El niño se ha curado solo. El único tratamiento que necesitaba era paracetamol o ibuprofeno, uno o el otro, no los dos.

La roséola, sexta enfermedad o exantema súbito (tiene tres nombres, la muy bribona), suele aparecer alrededor de los dos años pero no es tan rara en escolares e incluso adolescentes. Deja inmunidad permanente, es decir, no repite.

Es un dolor de cabeza, pero para los papás, pues los niños la pasan razonablemente bien.

Como el exantema aparece después de algunos días de fiebre, es muy frecuente que los papás exijan un antibiótico. Se los dan. Llegan las ronchas y culpan al antibiótico.

Por eso digo: muchos niños supuestamente alérgicos a los antibióticos probablemente lo que tuvieron fue roséola.

Lo malo es que si la duda existe, hay que irse con cuidado al prescribir. No vaya a ser que sea una alergia real y podemos provocar un problema serio, como una anafilaxia.

Por eso debemos ser muy cuidadosos al recetar antibióticos.

Un niño con roséola tendrá al principio fiebre alta y malestar. Pero no estará deshidratado ni tendrá dificultad respiratoria ni ninguna condición que lo ponga en peligro. No hay razón para desesperarse. Hay que recordar que la fiebre es un mecanismo de defensa.

El sarampión

El último caso que vi de sarampión fue cuando hice mi servicio social, en un pueblito del desierto mexicano que se llama Viesca. En aquellos años, por las noches heladas del invierno los coyotes llegaban a las calles del pueblo en busca de las gallinas, provocando una escandalera de acordes disfónicos, gruñidos y ladridos de los perros locales, que sea lo que sea, entrones sí eran. Esto no tiene nada que ver, pero son recuerdos que me dio la gana compartir.

El caso es que ahí, en medio del desierto, vi el último niño con sarampión y no he vuelto a ver otro. No es que ya no exista. Ocasionalmente hay algún brote por ahí, pero los cercos epidemiológicos han sido efectivos y han parado el potencial desastre (aquí un fuerte aplauso para los epidemiólogos mexicanos, que al igual que el resto de los sanitarios del país hacen milagros trabajando con ingenio y con las uñas). Sería un desastre, sí, porque una epidemia de sarampión sería terrible. Afortunadamente la vacuna es muy efectiva y todos los niños están vacunados... bueeeno... estaban. Ya no. En los últimos años ha habido desabasto de vacunas en el país. Mamá lleva al bodoque a vacunar y le dicen que no hay vacuna, que vuelva la semana que entra. La semana que entra quizá sí haya, pero mamá ya no vuelve. Si las autoridades de salud no se toman en serio las vacunas, por qué habría de hacerlo ella. Además ya se gastó 120 pesos en camiones de ida y vuelta y faltó al trabajo. No se arriesgará a que la corran, necesita su chambita.

Muchos niños se nos están quedando sin vacunas, lo que es un potencial desastre, y no me digan que no se los advertí.

Pero volvamos al sarampión. Lo menciono aunque ya no hay, porque si seguimos así, habrá. Y no solo por culpa de las autoridades, también de la población. Cada cierto tiempo me llega alguna mamá sabihonda que me dice que ella no vacuna a sus hijos porque las vacunas causan autismo y no sé qué otras tarugadas. Me dan ganas de decirles que no se encariñen mucho con el crío, pero me contengo y hago enormes esfuerzos retóricos por convencerlas de que los vacunen; lamentablemente sin éxito. Es más fácil subir al Aconcagua en un triciclo que convencer a un fanático, y los antivacunas suelen serlo.

Bueno, ya. Ahora sí, el sarampión: es una enfermedad exantemática causada por un virus cuyo nombre es "virus del morbili". Su nombre científico completo es virus del sarampión del género morbilivirus, de la familia *Paramyxoviridae*. Eso de "morbili" suena feo, ¿verdad? Pues lo es.

El sarampión es una enfermedad exantemática porque su síntoma más claro es un sarpullido, es decir, ronchas o manchas de color rojo que brotan en la piel.

El niño que contrae el virus enfermará hasta ocho a 12 días después, ese es el periodo de incubación, pero andará contagiando dos días antes de que empiecen los síntomas. Empieza como un resfriado común pero más fuerte. A mí no me dio sarampión. Aunque cuando yo era niño todavía había mamuts, ya había vacuna. Se empezó a vacunar en México en 1960 y yo nací tres años después, cuando los Beatles cantaban *"I wanna hold your hand"*, pero otra vez me desvío… el caso es que creo que mi primera lección de medicina, particularmente de pediatría, sería cuando tendría yo unos seis años, catarro y calentura. Le pregunté a mi pediatra por qué me revisaba los cachetes por dentro con su lamparita. "Para saber si tienes sarampión", me dijo. Como yo era un muchacho metiche y preguntón (metiche y preguntón todavía, muchacho ya no), le pregunté cómo podía ver el sarampión en mis cachetes por dentro, que por cierto se llaman "carrillos".

Ahí aprendí que cuando un niño ya tiene sarampión, pero todavía no hay exantema ni otros síntomas, se le ven en los carrillos unas manchitas blancas o grises, patognomónicas del sarampión. Un signo patognomónico de una enfermedad es aquel que solo sucede en esa enfermedad y únicamente en esa enfermedad. Por eso, al verlo, el diagnóstico no falla. Luego supe que las manchitas esas se llaman signos de Koplik y las vi por última vez en 1989. Espero no verlas de nuevo, porque no hay sarampiones leves.

La enfermedad se acompaña de una severa inflamación de los ojos, y no es nada rara la encefalitis y las neumonías. El sarampión pone en peligro la vida y puede dejar secuelas permanentes. Por eso, aunque ya no hay casos, la incluyo aquí. Si las autoridades de salud no se ponen en orden y usan la autoridad que se les confiere para poner en orden a los antivacunas, habrá.

"La única dictadura que soportan los pueblos civilizados es la dictadura sanitaria", y el bien común prevalece sobre el bien particular. Sobre todo cuando el bien particular no es un bien, sino una ocurrencia.

Trastornos gastrointestinales funcionales: cólico, disquecia y reflujo gastroesofágico

No pasa un día sin que llegue bebé a la consulta con alguna de estas tres quejas:

"Doctor, el bebé lleva cuatro días sin hacer popó, nomás puja y puja y nada...".

"Doctor, el bebé llora y llora, no duerme ni deja comer, se pone rojo y se le pone dura la pancita...".

"Doctor, el bebé regresa toda la leche, como jocoque...".

Estas tres entidades, porque no son enfermedades, son la disquecia del lactante, el cólico y el reflujo.

Aunque, efectivamente, no son enfermedades, eso no quiere decir que no sean un problema, sobre todo cuando no se sabe cómo enfrentarlas y se manejan de manera incorrecta, a veces tan equivocada que llevan a errores graves, tales como quitarle el pecho al niño o llevarlo a "sobar" porque está "empachado", con todos los riesgos que esto implica. También son causa de visitas innecesarias al pediatra, medicamentos inútiles, cambios de fórmulas lácteas y de pediatras o de las dos cosas.

Veamos de forma muy breve qué es cada una.

Disquecia del lactante

Suele ocurrir en menores de seis meses, pero puede ser hasta los nueve o un poco más. El bebé puja para hacer popó, pero no le sale nada. Se esfuerza y llora, se pone rojo y a veces pasan varios días sin evacuar. Lo que ocurre es que hay una "falta de coordinación" por inmadurez, entre el abdomen y el piso pélvico. En términos llanos, la popó quiere salir pero la puerta está cerrada. Si el niño come bien, no tiene otros problemas y está ganando peso, la disquecia no necesita tratamiento. No se debe quitar el pecho, no es necesario cambiar de leche, no se deben usar laxantes ni supositorios y no es necesario estimular con termómetro. Es una entidad pasajera que no requiere tratamiento.

El famoso cólico

Es una "monserga" y la principal causa de que el bebé vea ocho o más pediatras en menos de un mes. Llanto intenso sin causa aparente que no se calma con nada, sobre todo por la tarde y por la noche. Inicia alrededor de la segunda o tercera semana de vida. Puede durar varias horas cada día, aproximadamente tres o cuatro días a la semana, y suele desaparecer como por arte de magia a los cuatro meses y muchas veces desde el tercer mes. No se debe retirar la lactancia materna (para fines prácticos, nunca debe retirarse), no es necesario cambiar de pediatra, no es necesario cambiar de fórmula láctea, no lo lleves a sobar porque ahí sí lo lastiman. Las gotitas y medicamentos no sirven para nada o para muy poco. Lo único que ha demostrado que puede disminuir el tiempo del llanto son cierto tipo de probióticos, llamados lactobacilos "reuteri". Tu pediatra te los puede recetar, pero no te hagas muchas ilusiones, que el bodoque seguirá berreando hasta que el cólico por fin desaparezca solo... y lo hará.

Si el niño come bien, gana peso y no tiene otros problemas, no tendrás que hacer nada. Paciencia nada más y aprovechen cualquier ratito para dormir, porque el escuincle no los va a dejar descansar de noche hasta después de los tres meses, y eso quién sabe.

El reflujo

Es mejor llamarlo "regurgitación del lactante". Es el paso retrógrado de leche del estómago al esófago. Es decir, la leche se regresa y puede salirse por la nariz o por la boca. No es vómito, no se acompaña de náusea y el niño se ve feliz. Es un feliz "vomitón". La leche se regresa como jocoque, porque ya se expuso al ácido clorhídrico del estómago. Es muy frecuente, casi todos los niños tienen un cierto grado de reflujo.

Si el bebé sube de peso y no tiene complicaciones en vías respiratorias, no requerirá tratamiento:

Igual: no le quites el pecho, no necesitas cambiar de leches, no le des medicamentos a no ser que el pediatra te lo indique.

Se quitará solo entre los seis y los 12 meses de edad.

El tratamiento es el cambio frecuente de babero. Con frecuencia los bebés con reflujo son tratados con bloqueadores de la acidez que no necesitan.

La disquecia, el cólico y el reflujo deben de valorarse siempre por el pediatra. Es indispensable hacer el diagnóstico preciso, pues hay entidades patológicas que se le parecen y hay que diferenciarlas.

Espero que esta información te ayude a soportar con magnánima resignación esos primeros meses en los que percibes que no volverás a dormir igual que antes.

Puede ocurrir que un solo bebé tenga las tres entidades. En tal caso podrás iniciar los trámites para tu futura canonización. Piensa que una vez que estas entidades se resuelvan, podrás volver a dormir de corrido, aunque nunca como antes de haber tenido a ese hermoso bodoque que te roba el sueño y luego se duerme como si no debiera nada.

Accidentes

Sangrado por la nariz

Llegó Tomasito con la playera empapada de sangre y con los agujeros de la nariz taponeados con papel de baño enrollado y retacado en cada fosa. Venía llore y llore y su mamá, que también venía llore y llore, lo traía con la cabeza echada para atrás, para que la sangre no escurriera por la nariz. El resultado fue que la sangre no escurría por la nariz, sino por la garganta, y el niño se la tragó toda. La consecuencia fue un vómito terrible directamente sobre la blusa de su mamá, quien quedó como personaje de *La matanza de Texas*, o algo así.

De haberla visto la policía, la meten al bote mientras averiguan.

Los sangrados por la nariz, que en medicina les decimos "epistaxis" (no se entiende pero suena muy elegante), son frecuentes en los niños en cualquier época del año, y más en el verano. Casi no hay niño que no haya sangrado por la nariz alguna vez, de modo que es importante que sepas qué hacer y qué no hacer.

Primero qué no hacer (lo que hizo la mamá de Tomasito):

- No entres en pánico.
- No le hagas la cabeza para atrás.
- No le retaques las narices con papel, ni con algodón ni con nada. No le metas nada en la nariz.

Qué hacer:

- Ten calma. El pánico nunca sirve de nada y siempre empeora las cosas. Es contagioso; si tú entras en pánico el niño también y todo se complica.
- Siéntalo derechito, si le haces la cabeza para atrás se va a tragar la sangre y va a vomitar, como Tomasito.
- Ya en calma, presiona las aletas de nariz con los dedos índice y pulgar, con la fuerza suficiente para detener el sangrado pero sin que le duela. Esto será por 10 minutos. Sí, 10 minutos. Necesitarás contar que se cumpla el tiempo, porque no debe ser menos.

Si a los 10 minutos ha dejado de sangrar, que se vaya a seguir haciendo las travesuras en las que andaba. Si volviera a sangrar, hay que apretarle la naricilla otros 10 minutos.

Si persiste el sangrado, hay que buscar atención médica. Los sangrados por la nariz pueden ser muy severos y pueden necesitar cauterización a manos de un especialista (otorrinolaringólogo) o un taponamiento nasal puesto por un profesional de la salud.

Si los sangrados son frecuentes acude al pediatra. Habrá que descartar una rinitis alérgica o algún otro factor que predisponga a las epistaxis.

Si el niño sangra de otras partes del cuerpo, como sangre en la orina o en la popó, le sangran las encías al lavarse los dientes o tiene muchos moretones, acude de inmediato al doctor. En esos casos el problema podría estar en la sangre y no en la nariz.

Golpes en la cabeza

Tu Tomasito, y también tu Margarita, se golpearán en la cabeza. Incluso da la impresión de que algunos niños tienen la cabeza para entenderse a golpes con el mundo.

¿Ponerle casco?

No.

El día que no traiga cobrará factura.

Dejemos el casco para la bicicleta, los patines y desde luego para el futbol americano, maravilloso deporte que les forja el carácter, les enseña a no rendirse, a trabajar en equipo, a saber ganar, a saber perder y… me desvío.

Todos los deportes de equipo enseñan eso, pero a mí me gusta más el futbol americano. Cuestión de gustos.

Volvamos a los golpes en la cabeza: decíamos, si tu niño no se ha golpeado en la cabeza, lo hará. Nada más es cuestión de que le des tiempo y espacio.

Estas recomendaciones van dirigidas a niños previamente sanos con un desarrollo psicomotor normal. Si algún niño tiene, por ejemplo, algún trastorno de coagulación, epilepsia o cualquier patología o trastorno previo al golpe, es entonces un caso especial y se debe consultar siempre con su pediatra o médico de cabecera.

En pediatría todos los golpes en la cabeza son potencialmente graves, pero la mayoría, estadísticamente hablando, se resuelven con caricias, una canción de cuna y un beso en el chipote. Esto de ninguna manera significa que puedan tomarse a la ligera. Hay que saber qué hacer y que no hacer.

Primero el sentido común, que aquí no hay tiempo que perder.

Si Margarita se trepó al ciruelo y a dos metros de altura se le rompió la rama y la niña se pegó directamente en la cabeza, llévala a urgencias. Un golpe directo en la cabeza a dos metros de altura es grave hasta no demostrar lo contrario. No le hace que se levante como si nada y se ría. Es un golpazo y más vale revisar.

Pero la mayoría de los golpes son por ir corriendo y darse contra un mueble, por caerse de la cama o cosas así.

E igualmente, no por parecer un golpecito insignificante quiere decir que lo sea.

¿Cuáles son las señales de que debes hablar al pediatra o ir a urgencias?

- Después de un golpe inofensivo, es de esperarse que el niño se consuele y deje de llorar 10 minutos después. Se espera que su comportamiento sea el normal e incluso que siga haciendo sus travesuras habituales.
- En niños menores de dos años, siempre llámale al doctor. Él te dirá qué hacer.

Si el dolor en la cabeza persiste después del golpe o el niño tiene "llanto inconsolable", puede significar cefalea (dolor de cabeza). Debe atenderse, pues es un signo de riesgo.

- El vómito es un signo de riesgo. El niño podría vomitar una, o máximo dos veces después del golpe, por el susto y por el llanto. Pero si el vómito persiste, hay que atenderlo.
- Mareo. Si el niño tiene náusea, aunque no vomite, o se le pasa el mareo y luego se vuelve a marear sin motivo aparente.
- Crisis convulsivas.
- Irritabilidad o comportamiento anormal.

- Si sale sangre o cualquier líquido por la nariz y las orejas. Salida de un líquido cristalino es una señal particularmente grave.
- Visión doble o borrosa. Si es capaz de contestar, pregúntale si ve bien. Ponle uno o dos dedos enfrente y pregúntale cuántos ve.
- Debilidad en los brazos o en las piernas.
- Zumbido en los oídos.
- Observa sus pupilas (son la parte central y de color oscuro de los ojos. Dentro del iris, que es lo que les da el color a los ojos). Si ves que tiene una pupila más grande que la otra, busca atención.
- Después de un trancazo el niño suele ponerse pálido (a cualquiera le pasa, no solo al niño), si la palidez dura más de una hora llama al pediatra.
- Cualquier comportamiento anormal.

Y si lo llevan a urgencias, ¿qué le van a hacer ahí? Le harán una valoración neurológica completa para descartar daño en el cerebro. Checarán sus reflejos, su estado de consciencia (existe una escala para eso), y si lo consideran pertinente le tomarán radiografías (de poca utilidad, porque no se ve el cerebro, solo el hueso del cráneo), o mucho mejor, una tomografía simple. Ahí sí se ve el cerebro.

Es posible que tu pediatra o el personal de urgencias solicite el apoyo de un especialista, en este caso, un neurólogo pediatra.

El síndrome del niño zarandeado o sacudido

Nunca sacudas a un niño o a un bebé. Nunca significa nunca.

Evita el jueguito de arrojarlo hacia arriba para luego cacharlo cuando viene de bajada. Puede lastimarse seriamente

El síndrome del niño zarandeado muchas veces no es un accidente. Es maltrato. Maltrato por ignorancia, pero la ignorancia no es pretexto. Y menos ahora que tienes todo el conocimiento en la pantalla de tu celular.

Te explicaré en qué consiste, con peras y con manzanas… o mejor, con gelatina y una caja.

El cerebro del niño tiene una consistencia similar a la gelatina. Por eso viene encerrado y protegido en una caja rígida, resistente, que es el cráneo.

Por otro lado, a los niños su cabeza les pesa mucho más que a nosotros los adultos y los músculos de su cuello son débiles. Por eso se les balancea la cabeza fácilmente, y los más chiquitos ni siquiera la sostienen.

Volvamos a la gelatina y a la caja.

Imagínate que tienes una gelatina del sabor que quieras. Luego imagina que la guardas en una caja rígida de madera (que tiene más o menos la dureza del hueso del cráneo).

Ahora toma la caja con la gelatina dentro y sacúdela fuertemente. Revisa la gelatina.

¿Quedó claro?

Un papá o una mamá poco pacientes, cansados, alcoholizados o drogados (sucede con frecuencia), una niñera de mal carácter o un irresponsable que le gusta a arrojar al bebé hacia arriba para luego cacharlo, pueden dejar el cerebro con daños similares a la gelatina imaginaria que acabas de sacudir también en tu imaginación.

Un niño con cólico, por ejemplo, puede llorar de manera sostenida e insoportable durante horas, y no hay forma de calmarlo. En manos de un cuidador intolerante que desesperado le dé una sacudida... se acabó. Sigue la muerte o la lesión permanente.

Si contratas niñeras o cuidadores, asegúrate de que sean personas éticas, amorosas y capaces. Se vale poner cámaras y se vale que ellos sepan que las hay.

Se comió o se bebió lo que no debe

El número de cosas que un niño menor de cinco años puede comerse o beberse tiende al infinito. Porque los niños de esta edad probarán todo lo que tengan a su alcance. Es parte de su desarrollo. Están explorando su universo, y para tal efecto la boca resulta tan útil como la vista y las manos o hasta más. Ellos no solo quieren ver, quieren tocar y probar.

Por eso tu Tomasito se come la comida del gato, la cucaracha muerta que encuentra en el suelo, las hormigas, la tierra de las macetas con todo y caracoles, el pedazo de crayón azul, un gis, y no dudará un segundo en darle un trago a la botella de gasolina que irresponsablemente dejaste a su alcance.

—¡Pero no estaba a su alcance! —me reclamas con indignación.

—Si la alcanzó, estaba a su alcance.

Y por ahí tenemos que empezar. No basta con que creas que has dejado algo fuera del alcance de Tomasito. Es necesario que te asegures.

Margarita se tragó todas las pastillas para dormir de su abuela, y ya en el servicio de urgencias, al tiempo del lavado gástrico, la enfermera reclama:

—Señora, ¿por qué las dejó a su alcance?

Mamá suele responder ingenuamente:

—No estaban a su alcance, las dejé en un cajoncito.

Ajá.

Entendamos: si un niño cualquiera alcanza algo, es que ese algo estaba a su alcance. Comprender esta perogrullada nos evitará muchos lavados gástricos.

Cualquier objeto pequeño que puede atorarse en la garganta de un niño es potencialmente peligroso y mortal: cacahuates, nueces, palomitas, tuercas, canicas, etcétera. Mencionaré lo que me da terror que dejes a su alcance, porque lo que ocurre después suele ser, efectivamente, una historia de terror. Tenlo muy en cuenta si tienes niños o te toca cuidarlos:

Las pilas de botón

Las pilas de botón, esas de litio que suelen traer los juguetes, controles remotos y muchos aparatos electrónicos. Tienen el tamaño aproximado de una moneda pequeña, y si un niño las alcanza se las tragará. Ahí empieza la tragedia.

Estas pilas destrozan el esófago. Deshacen los tejidos y pueden en pocos minutos perforarlos, siguiendo con su destrucción hasta el corazón.

Si sospechas que tu niño pudo haber alcanzado una de estas pilas, corre a urgencias. Mientras más pronto le saquen esa pila mejor.

El daño que ocasionan suele ser permanente y sus secuelas, luego de meses o años de sufrimiento, suelen terminar con la vida del niño.

Cualquier cosa pequeña puede matar por asfixia a un niño. Un cacahuate, una uva, las palomitas de maíz, una canica… pero a lo que más le temo es a las pilas de botón. Te comparto mi temor. Hazlo tuyo y asegúrate de que nunca lleguen estas pilas a la boca de tus niños.

Puedes sospechar si el niño se ha tragado una, si está irritable, llorón y babeando. Una radiografía hará el diagnóstico y una intervención temprana, muy temprana, puede hacer la diferencia.

Bolitas de hidrogel

También se les conoce como perlas de alginato, perlas gelatinosas, perlas de hidrogel, cápsulas gelatinosas y esferas o bolitas de agua o gel (entre otros nombres).

Son de colores llamativos y tienen el tamaño de una canica o de una uva. Se usan como elementos decorativos en recipientes de vidrio con agua o para mantener la humedad para las plantas. También se conocen como "perlas sensoriales" y se usan como herramientas de juego para niños con autismo o con problemas del desarrollo.

El problema es que tienen tres problemas. Uno: para un niño parecen dulces o caramelos. Dos: se hinchan. Y se hinchan en serio. Algunas en presencia de humedad pueden aumentar hasta 1500 veces su tamaño.

¿Crees que si un bebé de dos años se encuentra una perlita de estas se la trague? ¿Crees que es posible que se las meta en los oídos o en la nariz?

El punto es que la bolita de hidrogel crecerá y crecerá… y no se ve en las radiografías. Crecerán y podrán causar obstrucciones potencialmente mortales.

Tres (dije que eran tres problemas): vienen etiquetadas como "no tóxicas". No serán tóxicas y eso quién sabe, pero sí pueden matar por asfixia.

Asegúrate de que tus niños ni las vean. Ni se las des para jugar aun bajo supervisión, porque en una volteada a ver el chat o con que te pares al baño, tu Margarita o tu Tomasito aprovecharán para tragárselas. Es lo que hacen los niños.

Uvas

Al momento que escribo esto es diciembre.

Viene la despedida del Año Viejo y las 12 uvas con las 12 campanadas para recibir al nuevo; con adultos y no tan adultos iluminados por las bebidas espirituosas y niños a los que nadie hace caso, buscando qué meterse a la boca. Si te sigues descuidando, el niño encontrará uvas.

Quiero pasar un Año Nuevo sin ver la noticia de que en algún lugar del mundo un niño se ahogó con una uva.

Revisen, si gustan deprimirse un poco, las noticias de niños atragantados con uvas y verán que el Año Nuevo es la fecha favorita.

Como ya dijimos, cualquier objeto o alimento pequeño es peligroso en las manitas y en la boca de un niño menor de cinco años, pero las uvas tienen un papel protagónico especial. Será por su aspecto inocente. Están en todos los bodegones, en las bandejas de fruta de todas las casas, son deliciosas, dulces y desde luego un excelente alimento. Pero son redonditas y resbalosas, del tamaño justo, con la turgencia exacta para ocluir la vía aérea de un pequeñito menor de cinco años. Les aseguro que si un niño cualquiera ve uvas a su alcance se las meterá a la boca.

Nunca debes permitirlo si no ha cumplido al menos los cinco años, y aun así, que sea bajo supervisión, porque si no, el chamaco se meterá seis uvas al mismo tiempo, o las que le quepan, aumentando el riesgo de atragantarse. Que sea de una por una.

¿Puedes darle uvas a un bebé? Claro que sí, desde los seis meses en adelante. Pero cortaditas en tiras pequeñas y sin las semillas.

¿Y de los líquidos peligrosos?

La sosa cáustica o potasa

Un niño chiquito le dará un trago al contenido de cualquier botella, vaso, taza o recipiente que encuentre a su alcance. Se beberá la cerveza que dejó papá, el agua del perro, la del canario y hasta de la taza del baño tomará algún sorbo, si le das el tiempo y oportunidad. En una casa común y corriente hay muchos líquidos peligrosos y algunos terroríficos. Me refiero a la sosa cáustica, a la potasa. Estas sustancias vienen en los productos para limpiar el horno de la estufa y en los que se usan para destapar caños y coladeras. Son cáusticos. Sustancias que tienen una alta alcalinidad (lo contrario de acidez) y reaccionan de inmediato al contacto con tejidos vivos o con tejidos orgánicos. Son extremadamente corrosivos. Por eso destapan las coladeras llenas de pelo y mugrero y medio. Por eso limpian el horno con cochambre pegado desde décadas atrás. Por eso licuan la boca, la lengua, el esófago, el estómago del inocente bebé que se los encontró, aunque según sus cuidadores, "no estaba a su alcance". Lo estaba.

Si comparas, el trago al agua del inodoro resultará cosa de risa. Eso no quiere decir que lo dejes tomar agua del excusado.

El ácido muriático o clorhídrico

Aunque está en el otro extremo del pH, este producto que también se usa comúnmente en las casas para la limpieza, y que también se vende en los supermercados, causa daños similares. Quemaduras severas. De hecho, en su etiqueta suele estar impresa la señal ominosa de peligro, representada por una calavera. Cosa que no vemos en los destapacaños ni en los productos para limpiar el horno. Deberían.

El hecho de que se llame muriático ayuda. Aunque el vocablo viene de la palabra latina *muria* que significa "sal marina", debido a que originalmente se obtenía a partir de la destilación de la sal, para los hispanoparlantes *muriático* evoca "muerte". Si se trata de una botella que está en el hogar, me parece un error interpretativo acertado. Puede matar.

Con frecuencia los accidentes ocurren por dejar líquidos peligrosos o productos de limpieza en botellas o envases de bebidas. Jamás lo hagas. En una botella de refresco, estos líquidos no son solamente peligrosos para los niños, sino para cualquiera.

Menciono estos dos productos porque son los que nunca quisiera ver involucrados en accidentes pediátricos. No es lo mismo un trago de gasolina, que es grave, a un trago de potasa, que suele ser fatal.

Golpes, quemaduras, cables eléctricos y tomacorrientes

La posibilidad de accidentes se incrementa cuando el niño adquiere autonomía.

Cuando el bebé todavía no gira sobre sí mismo, el principal accidente que debemos prevenir es el síndrome de muerte súbita del lactante, como ya lo vimos. Las caídas son poco frecuentes, y ese bebé que vive en la cuna y en tus brazos difícilmente morderá el cable de la lamparita del buró. Pero en poco tiempo lo hará, si te descuidas.

Por eso te invito a un ejercicio. Será fácil, porque eres joven y no te duelen las rodillas.

Esto me recuerda la película de Robin Williams *La sociedad de los poetas muertos*. No tiene nada que ver con la prevención de accidentes en niños, pero sí tiene que ver con el hecho de ver el mundo desde otra perspectiva. Williams, que hace el papel del profesor de unos adolescentes en un elegante colegio de Nueva Inglaterra, les pide a sus alumnos que se paren en el escritorio, para que vean el aula desde arriba. Al estar ahí parados, todo se ve diferente. Vean la película. Vale oro.

Pero volvamos a los accidentes. Una buena forma de prevenirlos es ver el mundo desde la perspectiva del bebé, porque los bebés tienen su propia perspectiva, su propio punto de vista, y es desde abajo. Gateando. Por eso, irás adivinando, es bueno que no te duelan las rodillas. Además de una perspectiva diferente, tienen intereses diferentes. Yo no sé cuáles sean tus intereses, ni cuáles las cosas que te gustan. Pero sí conozco los intereses de tu Tomasito. A tu Tomasito y a tu Margarita les interesa todo. Todo quieren ver, todo quieren tocar y, desde luego, todo se lo quieren meter a la boca.

De modo que ponte a gatear. Pon tu cerebro en "modo bebé" y observa el mundo desde abajo. Verás la deliciosa cucaracha muerta detrás de aquel jarrón, verás el pedazo de vidrio del vaso que se rompió la semana pasada y que se le escapó a la escoba, verás el mantel que cuelga debajo de la mesa ideal para darle un jalón (arriba hay un florero), verás, claro, el cable de tu celular que cuelga del tomacorriente, y en el modo bebé, se merece una buena mordida. Si por casualidad el bebé trae en la mano un tenedor (que no debería), seguramente lo meterá en los orificios del tomacorriente. No necesito decirte que pongas tapones.

Verás la cubeta de trapear, con agua hasta la mitad, y te parecerá interesante asomarte, si fueras bebé, agarrado del borde de la tina.

Gateando verás al mundo del bebé y estarás preparado para eliminar todos los peligros potenciales. Pon especial atención en las esquinas de las mesas, causan frecuentes de descalabros y lesiones en los ojos.

En la cocina, voltea hacia arriba. Quizá veas el mango de la sartén que sobresale de la estufa. El sartén tiene aceite hirviendo y la olla un caldo igual, hirviendo. El bebé de un año, que ya camina, les dará un jalón. No lo dudes.

Ponte a gatear por toda la casa, pon tu mente en modo bebé, y harás de tu hogar un entorno mucho más seguro para ese ente curioso e inquieto que te ha robado el corazón y la tranquilidad.

Ahogamiento

Pon especial atención a esa cubeta de trapear que tiene agua hasta la mitad. El bebé de un año que apenas camina se asomará para ver qué hay dentro. Se caerá de cabeza y esta le quedará dentro del agua y no podrá salir solo, porque su cabeza pesa mucho y él no tiene fuerzas. El niño morirá en pocos segundos, probablemente a unos metros de ti, que sin darte cuenta sigues trapeando el piso de la cocina. Será una muerte silenciosa, porque el pequeño no podrá gritar.

Cuando te des cuenta será tarde. El niño estará muerto.

Suena horrible, ¿no? Es una historia de terror, desgarradora. Pero pasa. Te suplico que no te pase. Ten mucho cuidado con esas cubetas de trapear.

Como quizá lo sepan, tengo una página en el Face, en la que he estado poniendo notas de interés pediátrico desde hace unos seis años. Hay una nota que repito año con año, cuando empieza la fiebre de las albercas y los días de campo. Quizá la has leído ya:

La primera experiencia trágica en mi formación como pediatra fue recibir un niño que se cayó en una acequia, en un día de campo familiar. Una Semana Santa.

Han pasado décadas, pero lo recuerdo como si hubiera sido ayer. Era una de mis primeras guardias en urgencias, en mi primer año de residente de pediatría.

Llegaron corriendo, aventando la puerta y a la enfermera, desesperados, desencajados. ¡Cómo olvidar al papá con ese niño en brazos, flácido, pálido, inerte!

Ojos desorbitados, desesperación, gritos.

Lo pusieron en una camita de urgencias y me acerqué a revisar mientras una enfermera corría en busca del jefe de guardia. Llegó.

Me hizo a un lado y dijo con calma, mirando a los ojos al papá:

"Este niño está muerto".

Todavía escucho el alarido de su madre.

Incapaces de aceptarlo, los familiares querían que se hicieran las maniobras de reanimación, pero el médico de guardia lo sabía: el niño estaba muerto.

Al final del drama y cuando el cuerpecito estaba ya envuelto en sábanas, la enfermera le entregó a la mamá la ropita. Muy bien doblada, un pantalón de mezclilla, su camisetita roja y encima los tenis. Pequeñitos, unos zapatos de bebé en sus primeros pasos.

Ahí me cayó el veinte. Ahí fue el nudo en la garganta que todavía décadas después se aprieta un poco. No los conocía, nunca supe más de ellos, pero no los olvidaré mientras viva. Ese bultito de ropa cuidadosamente doblada me aterrizó en la espantosa realidad y regresa a mi memoria en los días de campo.

Lo comparto con ustedes para que cuando lleven niños a la alberca, al lago, al estanque, al río o a donde sea que haya agua, no se descuiden ni un segundo.

Un niño necesita para ahogarse menos de 15 centímetros de agua y menos de 30 segundos.

Tú no puedes descuidarte ni un solo segundo y no importa si el nene está en una alberquita inflable o en la tina del baño. Ahí se ahogan cientos.

El celular no te ayuda. Si tienes al niño en el agua o cerca del agua vigila, vigila y vigila. Apaga el celular, la distracción puede ser muerte y culpabilidad para siempre. Si estás al cuidado de un niño en el agua, no tomes.

Posiblemente en tu casa todo está seguro. Te has cerciorado de que ni medicinas, ni sustancias peligrosas, ni pilas, ni objetos pequeños, ni nada de riesgo esté a su alcance; ni tomacorrientes, ni objetos cortantes, ni nada que represente el más mínimo peligro para tu Tomasito o tu Margarita. ¿Pero con los abuelos?

Con frecuencia es en casa de los abuelos donde ocurren las tragedias y es desgarrador. Ver llegar al niño intoxicado en brazos de papá, con la abuela detrás, pálida de terror y angustia, deshecha, porque los somníferos eran de ella y estaban ahí, sobre la mesita de cama... no se le ocurrió guardarlos. Ahora el niño está flácido y apenas respira... la lápida pesada de la culpa se ve en el rostro de esa señora mayor, para quien su nieto es su vida y que por su culpa, cree ella, ahora está en peligro... Yo no creo que sea su culpa. Si es que hay culpa, es la de sus papás.

Me dicen ahora que no debemos hablar de culpas. Que es obsoleto y psicológicamente incorrecto, que nos marcan para siempre y que tiene connotación punitiva y etcétera. Pero la verdad es que omitir un vocablo no borra su significado ni elimina el sentimiento que conlleva. Si un niño de tres años se traga las pastillas para dormir que estaban a su alcance, alguien tuvo la culpa y no fue el niño. En este caso, la culpa es de los padres o cuidadores. Los abuelos ya bajaron la guardia. Ellos te cuidaron a ti y aquí estás, "vivito y coleando", como decimos en México. Ahora es tu responsabilidad que tus hijos estén bien. Si los llevas a casa de los abuelos, de los tíos o a donde sea, no bajes la guardia. Ellos (los abuelos) no traen el "chip" que tú traes ni tienen tu nivel de alerta. Ellos ya no están para recorrer su casa a gatas y detectar los peligros potenciales.

Sé particularmente cuidadoso cuando tus hijos estén fuera de casa y recuerda: dentro o fuera de casa, los responsables serán los padres y cuidadores.

Hay accidentes imponderables. No se pueden prevenir. Cuando ocurren, no hay culpables ni responsables; pero cuando algo se puede prevenir y no se previene, como que el niño se corte con el cuchillo de la cocina, por ejemplo, entonces los hay. Eliminar la palabra *culpa* no quita la culpa.

Collares, pulseras y colguijes

Una cosa es que por descuido y accidente tu bebé se meta a la boca una cuenta de vidrio y otra que tú se la pongas en el cuello. Los collares o pulseras pueden romperse y sus cuentas quedarán libres al alcance del bebé. Las alcanzará, se las meterá a la boca y acabarás con el otorrino para sacarle la cuenta del oído o de la nariz, en el mejor de los casos. Podrías acabar en urgencias, con el neumólogo o el endoscopista tratando de sacar la cuenta que se fue hasta el bronquio y está asfixiando al nene.

Tan grave es una moneda en el bronquio de un niño como la medallita del mismo tamaño que le colgaste en el cuello. Pero a la hora del problema no podrás evitar pensar que la medallita se la colgaste tú, a diferencia de la moneda olvidada que él se encontró entre los cojines del sillón.

Los collares y colguijes, las pulseras y los aretes grandes pueden atorarse, enredarse en el niño o en otro lado y causar ligaduras o ahogamientos.

Los niños tienen movimientos erráticos, descontrolados. Manotean sin mucho control.

El que la Academia Americana de Pediatría se haya pronunciado en este tema es significativo. Quiere decir que es estadísticamente relevante:

> La American Academy of Pediatrics (AAP) no recomienda que los bebés usen ningún tipo de joyas/alhajas. La asfixia es la causa principal de muerte en los niños menores de un año y entre las cinco causas principales de muerte en los niños entre las edades de 1 y 4.

Lo anterior lo dice tal cual la página Healthychildren, les dejo la liga: https://www.healthychildren.org/Spanish/ages-stages/baby/teething-tooth-care/Paginas/amber-teething-necklaces.aspx?_gl=1*8p111n*_ga*MTYxMzA1NjgxMS4xNjk1MzIwMzM3*_ga_FD9D3XZVQQ*MTcwMjQ4NTMxNy4yOC4xLjE3MDI0ODUzNzIuMC4wLjA.

Al viajar

En una de las calles más transitadas de mi ciudad iba un niño de unos cinco años en el asiento del vehículo que avanzaba al lado del mío. Iba el chamaco sin cinturón de seguridad, asomándose por la ventana y con la mitad del torso fuera, jugando con sus manitas y saludando a los coches que pasaban.

Me pregunto cómo, a estas alturas del partido, puede pasar algo así. El niño iba en un carro de modelo reciente, con bolsas de aire y cinturones de seguridad. Su mamá, que manejaba, no necesita chocar para lesionar o incluso matar a su hijo. Con que a ella la choquen, con un enfrenón fuerte es suficiente. Si en un hipotético accidente se abren las bolsas de aire, ese pequeñito quedará destrozado, y no me refiero psicológicamente. La que quedará destrozada psicológicamente será su mamá. Si sucede una tragedia y la señora se siente responsable, no seré yo quien le diga que no lo es, que no se sienta culpable, pues se trata de negligencia criminal.

No te diré cuáles son las indicaciones de seguridad para viajar con niños. Esas las tienes bien claritas al alcance de tu celular. Vienen en el manual del vehículo y en las instrucciones de los asientos especiales para niños. La ignorancia no es pretexto. Un niño que va mal en un vehículo va mal por ignorancia. Ignorancia culpable.

Hoy, al terminar de escribir este tema, me iré a mi consultorio manejando por las calles de mi ciudad y sé que veré alguna motocicleta circulando con tres personas: el papá que conduce, el niño que va en medio sin casco, y la mamá que va detrás, agarrándose como puede para no caer.

Esto se ve en las calles de muchas de las ciudades de México. Nadie los detiene. A riesgo de ser señalado por mi falta de sensibilidad social, pues no comprendo, me dirán, las necesidades económicas de esa familia que no puede moverse de otra forma, antepongo mi sensibilidad de médico y de pediatra, pues somos nosotros los que atendemos en urgencias a esos niños que viajan así, y que llegan con estallamiento de vísceras a morir en la camilla de una atestada sala de urgencias.

Abuso infantil

Si eres sensible, no leas este capítulo.

Cuando yo era residente de pediatría, allá por 1989, recibimos un bebé de seis meses, no recuerdo su nombre, pero para mí se llamará siempre Ángel. Su padrastro le destrozó los intestinos al introducirle un palo por el recto.

Estuvo con nosotros por un lapso de seis meses y se recuperó, luego de varias cirugías y mucho esmero por parte del personal médico y de enfermería. Cuando estaba por darse de alta, el pequeñito veía a las enfermeras y sonreía, les extendía los bracitos para que lo cargaran y se abrazaba a ellas. Su mamá nunca lo visitó.

A su egreso, lo entregamos a las autoridades correspondientes de aquel entonces y con un nudo en la garganta (estoy seguro de que yo no era el único que contenía las lágrimas) le dijimos adiós.

Regresó dos semanas después. En esta ocasión con un cepillo redondo, de esos para el pelo, introducido en el mismo lugar. Ya no fue posible salvarlo. Salió del hospital amortajado en una sábana.

Nadie fue castigado, nadie fue procesado.

De acuerdo con la **Organización para la Cooperación y el Desarrollo Económicos** (OCDE), México ocupa el **primer lugar en violencia física, abuso sexual y homicidios contra menores** entre las economías que pertenecen a este organismo. Aun así, esta violencia **no forma parte de la agenda nacional**.

Ángel vuelve a nacer todos los días, son miles y miles de Ángeles, niños y niñas, violentados de las maneras más ruines por este nuestro país, perdón: nuestra vergüenza.

Los niños sí vienen con instructivo de Dr. Alberto Estrada Retes
se terminó de imprimir en el mes de abril de 2024
en los talleres de Diversidad Gráfica S.A. de C.V.
Privada de Av. 11 #1 Col. El Vergel, Iztapalapa,
C.P. 09880, Ciudad de México.